Der Mond ist aufgegangen
Gedichte, Lieder und Gebete zur Nacht

Der Mond ist aufgegangen

Gedichte, Lieder und Gebete zur Nacht

Herausgegeben von Katharina von Savigny

sanssouci

Unser gesamtes lieferbares Programm und
viele andere Informationen finden Sie unter
www.sanssouci-verlag.de

1 2 3 4 5 11 10 09 08 07

ISBN 978-3-8363-0016-2

Vorsatzmotiv von Rotraut Susanne Berner
Satz: Satz für Satz. Barbara Reischmann, Leutkirch
Druck und Bindung: Ebner & Spiegel, Ulm
Printed in Germany

Inhalt

Gesegnet sei der, der den Schlaf erfand!
Schlaf ist Speise für den Hungrigen,
Trank für den Dürstenden, Wärme für den
Frierenden und Kühlung für den Erhitzten.
Er ist die Münze, die alle Dinge kauft,
der Ausgleich, der den König und den
Hirten gleich macht und den Weisen dem
Narren.

Cervantes

Wenn alle Berge Butter wär'n
und alle Täler Grütze

Beim Essen

Aller Augen warten auf dich

Aller Augen warten auf dich, Herre,
und du gibest ihnen ihre Speise zu seiner Zeit;
du tust deine milde Hand auf und sättigest alles,
was da lebet, mit Wohlgefallen.

(Psalm 145, Auszug)

Vater unser

Vater unser im Himmel,
Geheiligt werde dein Name.
Dein Reich komme.
Dein Wille geschehe, wie im Himmel so auf Erden.
Unser tägliches Brot gib uns heute.
Und vergib uns unsere Schuld,
wie auch wir vergeben unsern Schuldigern.
Und führe uns nicht in Versuchung,
sondern erlöse uns von dem Bösen.

Amen.

Komm, Herr Jesus, sei unser Gast
und segne, was du uns bescheret hast.

Amen.

(überliefert)

Komm, Herr Jesus, sei unser Gast
und sieh, was du uns bescheret hast.
Amen.
(überliefert)

Thomas Schleiff

Zum Glück genug zu essen

Ich esse gerne, Tag für Tag.
Es gibt so vieles, was ich mag.
Der Tisch ist immer gut gedeckt,
es gibt so vieles, was mir schmeckt.

Wenn ich das einmal alles messe,
was ich in einem Jahre esse,
ergeben sich zusammen rund
in etwa siebenhundert Pfund.

Ich male mir den großen Schmaus
hier Stück für Stück vergnüglich aus:
Da liegen Äpfel, Möhren, Bohnen,
Kartoffeln, Bonbons und Melonen.

Bananen, Nüsse und Tomaten
und mancher leckere Sonntagsbraten,
Spaghetti, Pizza, Speiseeis
und Hühnerfrikassee mit Reis.

Das alles kommt in meinen Bauch
und vieles andre dazu auch.
So esse ich im Jahreslauf
den ganzen Berg von Essen auf.

Woher kommt alle diese Fülle,
mit der ich meinen Hunger stille?
Der Schöpfer hat sie mir gegeben,
so trägt er Sorge für mein Leben.

Er schafft die Nahrung wunderbar,
die wir verzehren Jahr für Jahr
und gibt uns auf der Lebensreise
an jedem Tag die nötge Speise.

Herr Gott, ich dank' dir für das Essen
und will den Geber nicht vergessen.
Ich will dich loben und dich ehren
und nichts gedankenlos verzehren.

… dann essen wir's halt,
in Gottes Namen!
Amen.
(überliefert)

O Gott, von dem wir alles haben,
wir preisen dich für deine Gaben.
Du speisest uns, weil du uns liebst,
o segne auch, was du uns gibst.
Amen.
(überliefert)

Gott sei Dank

Gott will uns speisen,
Gott will uns tränken,
nun lasst uns still die Augen senken
und aller seiner Gäste denken:
der Hasen im Klee,
der Fische im See,
der Bienen im Honigduft,
der Schwalbe in Himmelsluft,
des Nests im Dorn,
der Mäuschen im Korn,
der Frösche im Teich.
Ob arm und reich,
Wiese und Wald,
jung und alt,
Menschen und Tiere,
groß und klein,
alle lädt er zu seinem Tische ein.
Allen gibt er Speise und Trank,
für alle sage ich: »Gott sei Dank!«

Alle guten Gaben,
alles, was wir haben,
kommt, o Gott, von dir.
Wir danken dir dafür.
Amen.
(überliefert)

Kinderpredigt

Ein Huhn und ein Hahn,
die Predigt geht an,
ein Kuh und ein Kalb,
die Predigt ist halb,
ein Katz und ein Maus,
die Predigt ist aus,
geht alle nach Haus
und haltet ein Schmaus.
Habt ihr was, so eßt es,
habt ihr nichts, vergeßt es,
habt ihr ein Stückchen Brot,
so teilt es mit der Not,
und habt ihr noch ein Brosämlein,
so streuet es den Vögelein.

(aus »Des Knaben Wunderhorn«)

Peter Rühmkorf

Im Vollbesitz seiner Zweifel

Nicht zu predigen, habe ich mich an diesem Holztisch niedergelassen,
nicht, mir den Hals nach dem Höheren zu verdrehen,
sondern mir schmecken zu lassen dies:
Matjes mit Speckstibbel, Bohnen, Kartoffeln, Einssechzig;
Aal in Gelee, Kartoffelpüree, gemischten Salat, Zweiachtzig;
Kalbszüngerl mit Kraut, Zwomark;
Beefsteak à la Meyer, Erbsenundwurzeln, Zwozwanzig;
Rührei – Blumenkohl, Einemarkdreißigpfennige;
Fliederbeersuppe: Jawoll!
Wenn die Sonne, die Löwin, sich Glut aus der Mähne schüttelt,
und der Inhaber meines Mittagstisches die Markisen herunterläßt,
mache ich's mir bequem hinter der Zeitschrift für Armeirre:
Ei!
es hat sich wieder allerhand Rühmenswertes angesammelt in unserer Erzdiözese.

»Mahlzeit« –
Eine Marienerscheinung mehr oder weniger macht noch keinen Himmel,
aber imganzen gewaltig ist der Elan meines unaufgeklärten Jahrhunderts,
das noch den Kot der assyrischen Großkönige abtastet nach Kohlenstoff vierzehn,
das
den Herren der Heerscharen preist in der Unsicherheits-Relation,
das
schon mit goldenen Bombern an seinem Untergang webt –
da sollte ich konkurrieren?
drei-mal-vier Zeilen »Norddeutsche-reimlos«?

Oh, ich habe mein Maß und mein Bett und verbleibe
meiner Geranien Poet
und der Sänger meiner Gebrechen!

Der du auch einmal kamst, Bellarmin, dein gewaltiges Herz
unter Fünftausend zu brocken,
rück Stuhl und Leib zurecht, du findest
dich durch Schwerkraft genügend belegt, du spürst,
wie sich dein Auge machtvoll ins Endliche kehrt:
– Oh Lust am Greifbaren! –
wenn aller Anspruch abfällt, und eines doppeltgebrannten
Sommers
Trank dir verheißend zum Munde geht …
Ich sehe:
Ich sehe ein großes Motiv:
Ich sehe dich:
im Vollbesitz deiner Zweifel froh,
eine vergnügte Zunge gegen das Schweinsfleisch gezückt
(die so viel Unsägliches pflügte) –
Aber auch dies ist wohl unter Brüdern
seine Erschütterung wert.

Eduard Mörike

Alles mit Maß

Mancherlei sind es der Gaben, die gütige Götter den Menschen
Zum Genusse verliehn, sowie für die tägliche Notdurft.
Aber vor jeglichem Ding begehr ich gebratenen Schweinsfuß.
Meine Frau Wirtin, die merkt's, nun hab ich alle Tag Schweinsfüß.
Öfters im Geist ahnt mir: jetzt ist kein einziger Schweinsfuß
Mehr in der Stadt zu erspähn: was hab ich am Abende? Schweinsfüß!
Spräche der König nun gleich zum Hofkoch: Schaffe mir Schweinsfüß!
Gnade der Himmel dem Mann, denn nirgend mehr wandelt ein Schweinsfuß.
Und ich sagte zur Wirtin zuletzt: »Nun laßt mir die Schweinsfüß!
Denn er schmeckt mir nicht mehr wie sonst, der bräunliche Schweinsfuß.«
Aber sie denkt, aus Zartgefühl nur verbät ich die Schweinsfüß,
Lächelnd bringet sie mir auch heute gebratenen Schweinsfuß –
Ei so hole der Teufel auf ewig die höllischen Schweinsfüß!

Christian Morgenstern

Der fromme Hecht

Ein Hecht, vom heiligen Antōn
bekehrt, beschloß, samt Frau und Sohn,
am vegetarischen Gedanken
moralisch sich emporzuranken.

Er aß seit jenem nur noch dies:
Seegras, Seerose und Seegrieß.
Doch Grieß, Gras, Rose floß, o Graus,
entsetzlich wieder hinten aus.

Der ganze Teich ward angesteckt.
Fünfhundert Fische sind verreckt.
Doch Sankt Antōn, gerufen eilig,
sprach nichts als: Heilig! heilig! heilig!

Ludwig Uhland

Einkehr

Bei einem Wirte wundermild,
Da war ich jüngst zu Gaste;
Ein goldner Apfel war sein Schild
An einem langen Aste.

Es war der gute Apfelbaum,
Bei dem ich eingekehret;
Mit süßer Kost und frischem Schaum
Hat er mich wohl genähret.

Es kamen in sein grünes Haus
Viel leichtbeschwingte Gäste;
Sie sprangen frei und hielten Schmaus
Und sangen auf das beste.

Ich fand ein Bett zu süßer Ruh
Auf weichen, grünen Matten;
Der Wirt, er deckte selbst mich zu
Mit seinem kühlen Schatten.

Nun fragt ich nach der Schuldigkeit,
Da schüttelt' er den Wipfel.
Gesegnet sei er allezeit
Von der Wurzel bis zum Gipfel!

Eduard Mörike

Der Tambour

Wenn meine Mutter hexen könnt,
Da müßt sie mit dem Regiment,
Nach Frankreich, überall mit hin,
Und wär die Marketenderin.
Im Lager, wohl um Mitternacht,
Wenn niemand auf ist als die Wacht,
Und alles schnarchet, Roß und Mann,
Vor meiner Trommel säß ich dann:
Die Trommel müßt eine Schüssel sein,
Ein warmes Sauerkraut darein,
Die Schlegel Messer und Gabel,
Eine lange Wurst mein Sabel,
Mein Tschako wär ein Humpen gut,
Den füll ich mit Burgunderblut.
Und weil es mir an Lichte fehlt,
Da scheint der Mond in mein Gezelt;
Scheint er auch auf franzö'sch herein,
Mir fällt doch meine Liebste ein:
Ach weh! Jetzt hat der Spaß ein End!
– Wenn nur meine Mutter hexen könnt!

Wunsch

Wenn alle Berge Butter wär'n
und alle Täler Grütze,
und es käm ein warmer Sonnenschein,
und die Butter lief in die Grütze 'nein –
das müßt aber mal 'ne Grütze sein!

(überliefert)

Fünf Engel haben gesungen

Fünf Engel haben gesungen,
fünf Engel kommen gesprungen.
Der erste bläst das Feuer an,
der andere stellt das Pfännel dran.
Der dritte schütt't das Süppchen 'nein,
der vierte tut brav Zucker drein.
Der fünfte sagt: 's ist angericht't.
Iß, mein Kindchen, brenn dich nicht!

(überliefert)

Joachim Ringelnatz

Spaghetti

Nur eins von tausend Englein
Stehe mir ausnahmsweise jetzt bei.
Denn die Spaghetti-Schlänglein
Entglitschen immer dicht vor dem Mund.
Und das sieht aus wie Schweinerei
Und sticht die ganze Zunge wund.
Und ich bin doch hier feiner
Kaufleute Gast und schaufle schon
Zwei Stunden rum an der Portion
Und sie wird gar nicht kleiner.

Bertolt Brecht

Was ein Kind gesagt bekommt

Der liebe Gott sieht alles.
Man spart für den Fall des Falles.
Die werden nichts, die nichts taugen.
Schmökern ist schlecht für die Augen.
Kohlentragen stärkt die Glieder.
Die schöne Kinderzeit, die kommt nicht wieder.
Man lacht nicht über ein Gebrechen.
Du sollst Erwachsenen nicht widersprechen.
Man greift nicht zuerst in die Schüssel bei Tisch.
Sonntagsspaziergang macht frisch.
Zum Alter ist man ehrerbötig.
Süßigkeiten sind für den Körper nicht nötig.
Kartoffeln sind gesund.
Ein Kind hält den Mund.

Hans Magnus Enzensberger

Mund

Hat sich geöffnet, nach Luft gerungen,
hat etwas Warmes gekannt,
Ah gesagt überm kalten Löffel.
Was weiß ein Mund.

Lirum larum, so schmeckt der Bleistift,
so schmeckt die Eisblume,
so die stählerne Zahnarztklammer,
so schmeckt im Kasten der Sand.

Was weiß ein Mund. Kennt Milch und Blut,
Brot und Wein, Zucker und Salz,
hat unterschieden Morsches von Dürrem.
Schleimiges von Verbranntem.

Hat sich gegen das Übel gewehrt
mit Lirum und Larum,
Hustensaft und Oblaten.
Hat sich getäuscht.

Was weiß ein Mund.
Weiß nichts, sucht, will nicht,
verzehrt und verzehrt sich,
sucht und läßt sich versuchen.

Sucht Freundschaft mit noch einem Mund,
sucht ein Ohr, ringt nach Luft,
öffnet sich, teilt sich mit.
Was weiß ein Mund.

Hat sich getäuscht, ist dunkel,
hat gesucht und knirschend gefunden
etwas Kaltes, Dunkles,
hat sich verschlossen.

Robert Gernhardt

Kant

Eines Tags geschah es Kant,
daß er keine Worte fand.

Stundenlang hielt er den Mund,
und er schwieg – nicht ohne Grund.

Ihm fiel absolut nichts ein,
drum ließ er das Sprechen sein.

Erst als man zum Essen rief,
wurd' er wieder kreativ,

und er sprach die schönen Worte:
»Gibt es hinterher noch Torte?«

Johann Wilhelm Ludwig Gleim

Trinklied

Seht den jungen Bacchus an!
Seht doch, wie er trinken kann!
Seht, die Augen, die Gebärden
Sollen unsre Muster werden,
Wenn die Gläser, voll von Wein,
Aug und Herz und Geist erfreun.

Treue Brüder, laßt euch raten!
Tut doch, was die Alten taten,
Gebt Verdiensten ihren Lohn,
Krönet diesen Bacchussohn,
Daß die Tugend auf der Erde,
Lieblich und erkennet werde!

Den die Weisheit sichtbar schmückt,
Der sich doch zum Bacchus schickt,
Den man sieht sein Amt verwalten
Und des Abends Picknick halten,
Der noch nie bestrafet ist,
Weil man ihn dabei vermißt;

Der noch keinen Trunk vermieden,
Der sich selbst dazu beschieden,
Den kein voller Römer schreckt,
Dem der Wein am besten schmeckt;
Der verdient zum rechten Lohne
Von den Brüdern eine Krone.

Brüder, seht den Bruder an,
Wie der Bruder trinken kann!
Unter allen Bacchussöhnen
Muß man ihn zum König krönen;
Brüder, ja, er muß es sein:
Seht, er schenkt schon wieder ein.

Robert Gernhardt

Folgen der Trunksucht

Seht ihn an, den Texter.
Trinkt er nicht, dann wächst er.
Mißt nur einen halben Meter –
weshalb, das erklär ich später.

Seht ihn an, den Schreiner.
Trinkt er, wird er kleiner.
Schaut, wie flink und frettchenhaft
er an seinem Brettchen schafft.

Seht ihn an, den Hummer.
Trinkt er, wird er dummer.
Hört, wie er durchs Nordmeer keift,
ob ihm wer die Scheren schleift.

Seht sie an, die Meise.
Trinkt sie, baut sie Scheiße.
Da! Grad rauscht ihr drittes Ei
wieder voll am Nest vorbei.

Seht ihn an, den Dichter.
Trinkt er, wird er schlichter.
Ach, schon fällt ihm gar kein Reim
auf das Reimwort »Reim« mehr eim.

Fritz Eckenga

Der Wein war ein Gedicht

Kartoffeln schälen,
Möhren schaben,
derweil mich schon am Weißen laben.
Fisch beträufeln
und gelassen
den Roten abseits atmen lassen.

Tomaten vierteln,
Schoten waschen,
na gut – nochmal vom Weißen naschen.
Fischbett machen,
Ofen wärmen,
vom Bukett des Roten schwärmen.

Fisch ins Bett,
Bett ins Rohr,
schmeckt der Weiße nach wie vor?
Durchaus! Chapeau!
War auch nicht billig!
Der Rote riecht extrem vanillig.

Geiter Zwang –
Quatsch: Zweiter Gang!
Weißer, bist ein guter Fang!
Wühnchen haschen?
Hühnchen waschen!
Wird daschu der Rote paschen?

Mussich kosten –
Junge Junge,
der liegt ewig auf der Zunge!
Tut mir lei – Hicks –
Tut mir leiter!
Dagegen ist der Weiße Zweiter!

Huhn muß raten?
Braaaten! Rohr!
Fisch vergessen – kommt mal vor!
Kann nix machen,
muss zum Müll.
Der Rote macht mich lall und lüll.

Dummes Huhn,
bis morgen dann.
Heut leg ich keine Hand mehr an
dein Fl – dein Fl –
dein tzartes Fleisch.
Wo far denn noch die Wlasche gleisch?

Versteckdichnich!
Ich finde dich!
Heutkochichnich heuttrinkichdich!
Da bissuja,
mein roter Bruder,
Dadí Dadú Dadí Dadúda!

Gotthold Ephraim Lessing

An den Wein

Wein, wenn ich dich itzo trinke,
Wenn ich dich als Jüngling trinke,
Sollst du mich in allen Sachen
Dreist und klug, beherzt und weise,
Mir zum Nutz und dir zum Preise,
Kurz, zu einem Alten machen.

Wein, werd' ich dich künftig trinken,
Werd' ich dich als Alter trinken,
Sollst du mich geneigt zum Lachen,
Unbesorgt für Tod und Lügen,
Dir zum Ruhm, mir zum Vergnügen,
Kurz, zu einem Jüngling machen.

Klabund

(nach Carl Michael Bellman)

Das Notabene

Holt mir Wein in vollen Krügen!
(Notabene: Wein vom Sundgau)
Und ein Weib soll bei mir liegen!
(Notabene: eine Jungfrau)
Ewig hängt sie mir am Munde.
(Notabene: eine Stunde …)

Ach, das Leben lebt sich lyrisch
(Notabene: wenn man jung ist)
Und es duftet so verführisch!
(Notabene: wenn's kein Dung ist)
Ach, wie leicht wird hier erreicht doch …
(Notabene: ein Vielleicht noch …)

Laß die Erde heiß sich drehen!
(Notabene: bis sie kalt ist)
Deine Liebste sollst du sehen …
(Notabene: wenn sie alt ist …)
Lache, saufe, hure, trabe –
(Notabene: bis zum Grabe).

Robert Gernhardt

Gelungener Abend

Kommst du mit rein?
Aufn Schluck Wein.

Setzt du dich hin?
Aufn Schluck Gin.

Bleibst du noch hier?
Aufn Schluck Bier.

Gehn wir zur Ruh?
Aufn Schluck Du.

Friedrich Rückert

Eine Neige Wein,
Eine Neige Liebe,
Daß vom Abendscheine
Nur so viel mir bliebe,
Meinen Doppelrest
Langsam auszutrinken,
Und zum Schlafe fest
In die Nacht zu sinken.

Thomas Gsella

Zu Bett

Der Tag ist hin, und einerlei
sind Gelb und Grün und Flieder.
Vorm Fenster räubert Polizei,
ich sauge grau wie auf Stand-by
vier Bier und leg mich nieder.

F. W. Bernstein

Ein Abwasch

Es pflatscht und schäumet. Ihr Winde, blast!
Aus Tellern ragt steil ein Kochlöffelmast.
Es kentern die Tassen und Schalen und – KLIRR –
versinkt in der Tiefe das schöne Geschirr.
Die See geht hoch und Spülwasser laufen
über den Ausguß, drei Becher ersaufen.
Ein Henkel geht unter; mit glitschiger Hand
hält sich die Nudel am Bratpfannenrand.
Sie wird erbarmungslos weitergetrieben
samt dem, was von Suppe übriggeblieben.
Gibt's wirklich im Abwasch so Quallen und solche
Abwasserkröten, Krabben und Molche?
Stöpsel heraus! Dumpf gurgelt der Strudel
und reißt in den Abgrund die längliche Nudel.
Das Wasser sinkt – überm Abflußrohr
da hebt sich schmatzend was Dickes hervor!
Am Grunde des Beckens regt es sich – HUCH! –
Was ist das? Da ist ja das Abtrockentuch.

Und der Tag hat sich geneiget

Besinnliches am Abend

Peter Cornelius

An hellen Tagen

An hellen Tagen,
Herz, welch ein Schlagen!
Himmel dann blauet,
Auge dann schauet,
Herz wohl den beiden
manches vertrauet.

Beim Dämmrungsschimmer,
Herz, schlägst du immer.
Ob auch zerronnen
Strahlen und Wonnen,
Herz will an beiden
still sich noch sonnen.

Wenn Nacht sich neiget,
Herz nimmer schweiget;
Schlummer mag walten,
Traum sich entfalten,
Herz hat mit beiden
Zwiesprach zu halten.

Joseph von Eichendorff

Zwielicht

Dämmrung will die Flügel spreiten,
Schaurig rühren sich die Bäume,
Wolken ziehn wie schwere Träume –
Was will dieses Graun bedeuten?

Hast ein Reh du lieb vor andern,
Laß es nicht alleine grasen,
Jäger ziehn im Wald und blasen,
Stimmen hin und wieder wandern.

Hast du einen Freund hienieden,
Trau ihm nicht zu dieser Stunde,
Freundlich wohl mit Aug und Munde,
Sinnt er Krieg im tück'schen Frieden.

Was heut müde gehet unter,
Hebt sich morgen neugeboren.
Manches bleibt in Nacht verloren –
Hüte dich, bleib wach und munter!

Rainer Maria Rilke

Abend

Der Abend wechselt langsam die Gewänder,
die ihm ein Rand von alten Bäumen hält;
du schaust: und von dir scheiden sich die Länder,
ein himmelfahrendes und eins, das fällt;

und lassen dich, zu keinem ganz gehörend,
nicht ganz so dunkel wie das Haus, das schweigt,
nicht ganz so sicher Ewiges beschwörend
wie das, was Stern wird jede Nacht und steigt;

und lassen dir (unsäglich zu entwirrn)
dein Leben, bang und riesenhaft und reifend,
so daß es, bald begrenzt und bald begreifend,
abwechselnd Stein in dir wird und Gestirn.

Joseph von Eichendorff

Der Abend

Schweigt der Menschen laute Lust:
Rauscht die Erde wie in Träumen
Wunderbar mit allen Bäumen,
Was dem Herzen kaum bewußt,
Alte Zeiten, linde Trauer,
Und es schweifen leise Schauer
Wetterleuchtend durch die Brust.

Philipp von Zesen

Abendlied

Es hat nun mehr das güldne Licht
Des Himmels seinen Lauf verricht',
Der Tag hat sich geneiget;
Der blasse Mond steht auf der Wacht,
Die Sterne leuchten durch die Nacht,
Der süße Schlaf sich zeiget.

Ei, nun will ich in sanfter Ruh
Die Nacht mit Schlafen bringen zu,
Ermüdet durch viel Schreiben,
Das durch den langen Tag ich trieb,
Bis mir die Nacht den Paß verhieb,
Die Sinnen fortzutreiben.

Indessen sei mein Glanz und Licht
Dein freudenreiches Angesicht,
O Sonne meiner Seelen,
Daß nicht der Nächte Schatten mich
Mit Furcht und Schrecken inniglich
Im Herzen möge quälen.

Nimm weg den schweren Sündenschwall,
So sich ereignet überall,
Aus meines Herzens Schranken.
Daß ich fein sanfte ruhen mag,
Und, wann nun kömmt der frühe Tag,
Dir, Höchster, freudig danken.

Hiermit will ich nun schlafen ein,
Und dir, o Gott, ergeben sein,
Du wirst mich wohl erretten.
Behüte mich für schnellem Tod,
Für aller Angst und Krieges Not
Und für des Teufels Ketten.

Matthias Claudius

Abendlied

Der Mond ist aufgegangen,
Die goldnen Sternlein prangen
Am Himmel hell und klar;
Der Wald steht schwarz und schweiget,
Und aus den Wiesen steiget
Der weiße Nebel wunderbar.

Wie ist die Welt so stille
Und in der Dämmrung Hülle
So traulich und so hold!
Als eine stille Kammer,
Wo ihr des Tages Jammer
Verschlafen und vergessen sollt.

Seht ihr den Mond dort stehen? –
Er ist nur halb zu sehen,
Und ist doch rund und schön!
So sind wohl manche Sachen,
Die wir getrost belachen,
Weil unsre Augen sie nicht sehn.

Wir stolze Menschenkinder
Sind eitel arme Sünder,
Und wissen gar nicht viel;
Wir spinnen Luftgespinste
Und suchen viele Künste
Und kommen weiter von dem Ziel.

Gott, laß uns dein Heil schauen,
Auf nichts Vergänglichs trauen,
Nicht Eitelkeit uns freun!
Laß uns einfältig werden,
Und vor dir hier auf Erden
Wie Kinder fromm und fröhlich sein!

Wollst endlich sonder Grämen
Aus dieser Welt uns nehmen
  Durch einen sanften Tod!
Und, wenn du uns genommen,
Laß uns in Himmel kommen,
  Du unser Herr und unser Gott!

So legt euch denn, ihr Brüder,
In Gottes Namen nieder;
  Kalt ist der Abendhauch.
Verschon uns, Gott! mit Strafen,
Und laß uns ruhig schlafen!
  Und unsern kranken Nachbar auch!

Paul Gerhardt

Abendlied

Nun ruhen alle Wälder,
Vieh, Menschen, Städt' und Felder,
Es schläft die ganze Welt.
Ihr aber, meine Sinnen,
Auf, auf, ihr sollt beginnen,
Was eurem Schöpfer wohlgefällt.

Der Tag ist nun vergangen,
Die güldnen Sternlein prangen
Am blauen Himmelssaal:
So, so werd ich auch stehen,
Wann mich wird heißen gehen
Mein Gott aus diesem Jammertal.

Der Leib eilt nun zur Ruhe,
Legt ab das Kleid und Schuhe,
Das Bild der Sterblichkeit,
Die ich auszieh. Dargegen
Wird Christus mir anlegen
Den Rock der Ehr und Herrlichkeit.

Das Haupt, die Füß und Hände
Sind froh, daß nun zum Ende
Die Arbeit kommen sei.
Herz, freu dich, du sollst werden
Vom Elend dieser Erden
Und von der Sünden Arbeit frei.

Nun geht, ihr matten Glieder,
Geht, geht und legt euch nieder,
Der Betten ihr begehrt:
Es kommen Stund und Zeiten,
Da man euch wird bereiten
Zur Ruh ein Bettlein in der Erd.

Breit aus die Flügel beide,
O Jesu, meine Freude!
Und nimm dein Küchlein ein:
Will Satan mich verschlingen,
So laß die Englein singen:
Dies Kind soll unverletzet sein!

Auch euch, ihr meine Lieben,
Soll heute nicht betrüben
Ein Unfall noch Gefahr.
Gott laß euch ruhig schlafen,
Stell euch die güldnen Waffen
Ums Bett, und seiner Helden Schar.

(gekürzt)

Barthold Heinrich Brockes

Kirschblüte bei der Nacht

Ich sahe mit betrachtendem Gemüte
Jüngst einen Kirschbaum, welcher blühte,
In kühler Nacht beim Mondenschein;
Ich glaubt, es könne nichts von größrer Weiße sein.
Es schien, als wär ein Schnee gefallen;
Ein jeder, auch der kleinste Ast
Trug gleichsam eine rechte Last
Von zierlich weißen runden Ballen.
Es ist kein Schwan so weiß, da nämlich jedes Blatt,
Indem daselbst des Mondes sanftes Licht
Selbst durch die zarten Blätter bricht,
Sogar den Schatten weiß und sonder Schwärze hat.
Unmöglich, dacht ich, kann auf Erden
Was weißers aufgefunden werden.
Indem ich nun bald hin, bald her
Im Schatten dieses Baumes gehe,
Sah ich von ungefähr
Durch alle Blumen in die Höhe
Und ward noch einen weißern Schein,
Der tausendmal so weiß, der tausendmal so klar,
Fast halb darob erstaunt, gewahr.
Der Blüte Schnee schien schwarz zu sein
Bei diesem weißen Glanz. Es fiel mir ins Gesicht
Von einem hellen Stern ein weißes Licht,
Das mir recht in die Seele strahlte.
Wie sehr ich mich an Gott im Irdischen ergetze,
Dacht ich, hat er dennoch weit größre Schätze.
Die größte Schönheit dieser Erden
Kann mit der himmlischen doch nicht verglichen werden.

Hans Jacob Christoffel von Grimmelshausen

Komm Trost der Nacht, o Nachtigall

Komm Trost der Nacht, o Nachtigall,
Laß deine Stimm mit Freudenschall
Aufs lieblichste erklingen;
Komm, komm, und lob den Schöpfer dein,
Weil andre Vöglein schlafen sein
Und nicht mehr mögen singen!
Laß dein Stimmlein
Laut erschallen, dann vor allen
Kannst du loben
Gott im Himmel hoch dort oben.

Obschon ist hin der Sonnenschein
Und wir im Finstern müssen sein,
So können wir doch singen;
Von Gottes Güt' und seiner Macht,
Weil uns kann hindern keine Nacht,
Sein Lob zu vollenbringen.
Drum dein Stimmlein
Laß erschallen, dann vor allen
Kannst du loben
Gott im Himmel hoch dort oben.

Echo, der wilde Widerhall,
Will sein bei diesem Freudenschall
Und lässet sich auch hören;
Verweist uns alle Müdigkeit,
Der wir ergeben allezeit,
Lehrt uns den Schlaf betören.
Drum dein Stimmlein
Laß erschallen, dann vor allen
Kannst du loben
Gott im Himmel hoch dort oben.

Die Sterne, so am Himmel stehn,
Sich lassen zum Lob Gottes sehn,
Und tun ihm Ehr beweisen;
Die Eul' auch, die nicht singen kann,
Zeigt doch mit ihrem Heulen an,
Daß sie Gott auch tu preisen.
Drum dein Stimmlein
Laß erschallen, dann vor allen
Kannst du loben
Gott im Himmel hoch dort oben.

Nur her, mein liebstes Vögelein,
Wir wollen nicht die fäulsten sein
Und schlafend liegen bleiben,
Vielmehr bis daß die Morgenröt
Erfreuet diese Wälder öd,
Im Lob Gottes vertreiben.
Laß dein Stimmlein
Laut erschallen, dann vor allen
Kannst du loben
Gott im Himmel hoch dort oben.

Gottfried Keller

Stille der Nacht

Willkommen, klare Sommernacht,
Die auf betauten Fluren liegt!
Gegrüßt mir, goldne Sternenpracht,
Die spielend sich im Weltraum wiegt!

Das Urgebirge um mich her
Ist schweigend, wie mein Nachtgebet;
Weit hinter ihm hör' ich das Meer
Im Geist und wie die Brandung geht.

Ich höre einen Flötenton,
Den mir die Luft von Westen bringt,
Indes herauf im Osten schon
Des Tages leise Ahnung dringt.

Ich sinne, wo in weiter Welt
Jetzt sterben mag ein Menschenkind –
Und ob vielleicht den Einzug hält
Das viel ersehnte Heldenkind.

Doch wie im dunklen Erdental
Ein unergründlich Schweigen ruht,
Ich fühle mich so leicht zumal
Und wie die Welt so still und gut.

Der letzte leise Schmerz und Spott
Verschwindet aus des Herzens Grund;
Es ist, als tät' der alte Gott
Mir endlich seinen Namen kund.

Guter Mond, du gehst so stille

Guter Mond, du gehst so stille
Durch die Abendwolken hin,
Deines Schöpfers weiser Wille
Hieß auf jener Bahn dich ziehn.
Leuchte freundlich jedem Müden
In das stille Kämmerlein,
Und dein Schein ergieße Frieden
Tief in jedes Herz hinein.

Guter Mond, du wandelst leise
An dem blauen Himmelszelt,
Wo dich Gott zu seinem Preise
Hat als Leuchte hingestellt.
Blicke traulich zu uns nieder
Durch die Nacht aufs Erdenrund.
Als ein treuer Menschenhüter
Tust du Gottes Liebe kund.

Guter Mond, so sanft und milde
Glänzest du im Sternenmeer,
Wallest in dem Lichtgefilde
Still und feierlich daher.
Menschentröster, Gottesbote,
Der auf Friedenswolken thront,
Zu der schönsten Morgenröte
Führst du uns, o guter Mond.

(überliefert)

Johann Wilhelm Hey

Weißt du, wieviel Sternlein stehen

Weißt du, wieviel Sternlein stehen
an dem blauen Himmelszelt?
Weißt du, wieviel Wolken gehen
weithin über alle Welt?
Gott der Herr hat sie gezählet,
daß ihm auch nicht eines fehlet
an der ganzen großen Zahl,
an der ganzen großen Zahl.

Weißt du, wieviel Mücklein spielen
in der heißen Sonnenglut,
wieviel Fischlein auch sich kühlen
in der hellen Wasserflut?
Gott der Herr rief sie mit Namen,
daß sie all ins Leben kamen,
daß sie nun so fröhlich sind,
daß sie nun so fröhlich sind.

Weißt du, wieviel Kinder frühe
stehn aus ihren Bettlein auf,
daß sie ohne Sorg und Mühe
fröhlich sind im Tageslauf?
Gott im Himmel hat an allen
seine Lust, sein Wohlgefallen,
kennt auch dich und hat dich lieb,
kennt auch dich und hat dich lieb.

August Heinrich Hoffmann von Fallersleben

Lied vom Monde

Wer hat die schönsten Schäfchen?
Die hat der goldne Mond,
der hinter unsern Bäumen
am Himmel drüben wohnt.

Er kommt am späten Abend,
wenn alles schlafen will,
hervor aus seinem Hause
zum Himmel leis und still.

Dann weidet er die Schäfchen
auf seiner blauen Flur;
denn all die weißen Sterne
sind seine Schäfchen nur.

Sie tun sich nichts zuleide,
hat eins das andre gern,
und Schwestern sind und Brüder
da droben Stern an Stern.

Wenn ich gen Himmel schaue,
so fällt mir immer ein:
o laß uns auch so freundlich
wie diese Schäfchen sein.

Erich Kästner

Kopernikanische Charaktere gesucht

Wenn der Mensch aufrichtig bedächte:
daß sich die Erde atemlos dreht;
daß er die Tage, daß er die Nächte
auf einer tanzenden Kugel steht;
daß er die Hälfte des Lebens gar
mit dem Kopf nach unten im Weltall hängt,
indes sich der Globus, berechenbar,
in den ewigen Reigen der Sterne mengt, –
wenn das der Mensch von Herzen bedächte,
dann würd er so, wie Kästner werden möchte.

Mascha Kaléko

Fast ein Gebet

Nun weiß ichs, Liebster. Dieses ist das Glück.
Nach all dem Wirrsal und den irren Fahrten
Blieb uns zuletzt das Beste doch zurück:
Des Abends mit dem Kind auf dich zu warten,

Und klein zu sein mit ihm im kleinen Spiel,
Und in sein Schweigen still hineinzulauschen,
Das Gestern in ein Morgen einzutauschen,
Die Brücke neu zu baun, da sie zerfiel.

Was sie auch nahmen, dieses Eine blieb.
Laß uns dies auch in grauen Stunden wissen.
Herr, gib du allen, die das Schwert vertrieb,
Ein Dach, ein Brot, ein Kind, ein eigen Kissen.

Eduard Mörike

Gebet

Herr! Schicke, was du willt,
Ein Liebes oder Leides;
Ich bin vergnügt, daß beides
Aus deinen Händen quillt.

Wollest mit Freuden
Und wollest mit Leiden
Mich nicht überschütten!
Doch in der Mitten
Liegt holdes Bescheiden.

Herr, bleibe bei uns

Herr, bleibe bei uns,
denn es will Abend werden
und der Tag hat sich geneiget.
(aus dem Lukas-Evangelium)

Matthias Claudius

Täglich zu singen

Ich danke Gott und freue mich
  Wie's Kind zur Weihnachtsgabe,
Daß ich bin, bin! Und daß ich dich,
  Schön menschlich Antlitz! habe;

Daß ich die Sonne, Berg und Meer,
  Und Laub und Gras kann sehen,
Und abends unterm Sternenheer
  Und lieben Monde gehen;

Und daß mir dann zumute ist,
  Als wenn wir Kinder kamen
Und sahen, was der heil'ge Christ
  Bescheret hatte, Amen!

Ich danke Gott mit Saitenspiel,
  Daß ich kein König worden;
Ich wär geschmeichelt worden viel,
  Und wär vielleicht verdorben.

Auch bet ich ihn von Herzen an,
  Daß ich auf dieser Erde
Nicht bin ein großer reicher Mann,
  Und auch wohl keiner werde.

Denn Ehr und Reichtum treibt und bläht,
  Hat mancherlei Gefahren,
Und vielen hat's das Herz verdreht,
  Die weiland wacker waren.

Und all das Geld und all das Gut
  Gewährt zwar viele Sachen;
Gesundheit, Schlaf und guten Mut
  Kann's aber doch nicht machen.

Und die sind doch, bei Ja und Nein!
  Ein rechter Lohn und Segen!
Drum will ich mich nicht groß kastein
  Des vielen Geldes wegen.

Gott gebe mir nur jeden Tag,
  Soviel ich darf zum Leben.
Er gibt's dem Sperling auf dem Dach;
  Wie sollt er's mir nicht geben!

Friedrich Dörr

Bevor des Tages Licht vergeht

Bevor des Tages Licht vergeht,
o Herr der Welt, hör dies Gebet:
Behüte uns in dieser Nacht
durch deine große Güt' und Macht.

Hüllt Schlaf die müden Glieder ein,
lass uns in dir geborgen sein,
und mach am Morgen uns bereit
zum Lobe deiner Herrlichkeit.

Dank dir, o Vater, reich an Macht,
der über uns voll Güte wacht
und mit dem Sohn und Heil'gen Geist
des Lebens Fülle uns verheißt.

Ernst Lausch

Gott und seine Engelein wachen

Nun ist es wieder Nacht,
mein Bettchen ist gemacht;
drein will ich mich legen
mit Gottes Segen,
weil er die ganze Nacht
gar treulich mich bewacht.

Da schlaf ich fröhlich ein,
ganz sicher kann ich sein.
Vom Himmel geschwinde
kommen Engelein linde
und decken still mich zu,
und schützen meine Ruh.

Und wird's dann wieder hell,
so wecken sie mich schnell;
dann spring ich gar munter
vom Bettlein herunter.
Hab Dank, Gott Vater du!
Ihr Englein auch dazu!

Abendgebet

Abends, wenn ich schlafen geh,
vierzehn Engel bei mir stehn,
zwei zu meiner Rechten,
zwei zu meiner Linken,
zwei zu meinen Häupten,
zwei zu meinen Füßen,
zwei, die mich decken,
zwei, die mich wecken,
zwei, die mich weisen
in das himmlische Paradeischen.

(aus »Des Knaben Wunderhorn«)

Gabriele Wohmann

Wie es früher war

Abends wenn wir schlafen gehen
Sollten wir sie alle sehen
Alle vierzehn Engel, klar?
Ganz so wie es früher war.
Also fragen wir uns aus
Wie war das bei dir zu Haus
Schildere das Sandbauspiel
Bilderalbum, Federkiel
Und den Schulweg, Angst vor Hunden
Auch wie du den Ring gefunden
Zoobesuch und Kuchenessen
Alles, was wir sonst vergessen …
Bis sie, vierzehn, um uns stehen
Wichtig, Engel anzusehen.

Mascha Kaléko

An meinen Schutzengel

Den Namen weiß ich nicht. Doch du bist einer
Der Engel aus dem himmlischen Quartett,
Das einstmals, als ich kleiner war und reiner,
Allnächtlich Wache hielt an meinem Bett.

Wie du auch heißt – seit vielen Jahren schon
Hältst du die Schwingen über mich gebreitet
Und hast, der Toren guter Schutzpatron,
Durch Wasser und durch Feuer mich geleitet.

Du halfst dem Taugenichts, als er zu spät
Das Einmaleins der Lebensschule lernte.
Und meine Saat, mit Bangen ausgesät,
Ging auf und wurde unverhofft zur Ernte.

Seit langem bin ich tief in deiner Schuld.
Verzeih mir noch die eine – letzte – Bitte:
Erstrecke deine himmlische Geduld
Auch auf mein Kind und lenke seine Schritte.

Er ist mein Sohn. Das heißt: er ist gefährdet.
Sei um ihn tags, behüte seinen Schlaf
Und füg es, daß mein liebes schwarzes Schaf
Sich dann und wann ein wenig weiß gebärdet.

Gib du dem kleinen Träumer das Geleit.
Hilf ihm vor Gott und vor der Welt bestehen.
Und bleibt dir dann noch etwa freie Zeit,
Magst du bei mir auch nach dem Rechten sehen.

Jakob Haringer

Der Engel

Er geht wohl mir zur Seite,
Wär alles sonst zu schwer!
Man könnt es nie ertragen,
Wenn nicht der Engel wär.
Er blickt aus jedem Sternlein,
Er spricht aus jedem Stein,
Er macht die tausend Wunder –
Und führt mich doch noch heim!
Er hält mein ganzes Leben,
Wenn auch das Auge bricht …
Er schläft an meiner Seite – –
Ich aber weiß es nicht.

Czesław Miłosz

Von Engeln

Man hat euch die weißen Kleider genommen,
Die Flügel und selbst das Sein,
Ich glaube euch dennoch,
Boten.

Die umgestülpte Welt,
Das schwere Gewebe, bestickt mit Sternen und Tieren,
Durchwandelt ihr, die wahrhaftigen Nähte betrachtend.

Ihr rastet hier kurz,
Wohl in der Morgenstunde bei klarem Himmel,
In der Melodie, die ein Vogel nachsingt,
Oder im Duft der Äpfel im Abenddämmer,
Wenn Licht die Gärten verzaubert.

Man sagt, es hätte euch jemand erdacht,
Doch mich überzeugt das nicht.
Die Menschen haben sich selbst genauso erdacht.

Die Stimme – ist wohl Beweis,
Weil sie ohne Zweifel von klaren Wesen herkommt,
Die leicht sind, beflügelt (warum auch nicht),
Mit Blitzen gegürtet.

Ich habe im Traum diese Stimme manchmal vernommen
Und, was noch seltsamer ist, in etwa verstanden
Den Ruf oder das Gebot in der überirdischen Sprache:
bald ist es Tag,
noch einer,
tu, was du kannst.

Schlaf, Kindlein, schlaf!
Deine Mutter ist ein Schaf

Heiteres am Abend

Andreas Okopenko

Kinderreim

Alte Leute muß man treten,
weil sie sonst für einen beten.

Robert Gernhardt

Erdgebet

Himmel, großer Deckel du,
deck mich kleine Erde zu.
Hab ich Unrecht heut getan,
zeige mich bei Gott nicht an.
Läßt du mich nur selig ruhn,
will ichs morgen wieder tun.
Amen

Ich bin ein rechtes Rabenaas,
Ein wahrer Sündenkrüppel,
Der seine Sünden in sich fraß,
Als wie der Russ' die Zwippel.
Herr Jesu, nimm mich Hund beim Ohr,
Wirf mir den Gnadenknochen vor,
Und schmeiß mich Sündenlümmel
In deinen Gnadenhimmel.

(überliefert)

Harry Rowohlt

Gebet des Nashorns

Lieber Gott, Du bist der Boß,
Amen! Dein Rhinozeros.

Robert Gernhardt

Gebet

Lieber Gott, nimm es hin,
daß ich was Besond're bin.
Und gib ruhig einmal zu,
daß ich klüger bin als du.
Preise künftig meinen Namen,
denn sonst setzt es etwas. Amen.

Joachim Ringelnatz

Kindergebetchen

Erstes

Lieber Gott, ich liege
Im Bett. Ich weiß, ich wiege
Seit gestern fünfunddreißig Pfund.
Halte Pa und Ma gesund.
Ich bin ein armes Zwiebelchen,
Nimm mir das nicht übelchen.

Zweites

Lieber Gott, recht gute Nacht.
Ich hab noch schnell Pipi gemacht,
Damit ich von dir träume.
Ich stelle mir den Himmel vor
Wie hinterm Brandenburger Tor
Die Lindenbäume.
Nimm meine Worte freundlich hin,
Weil ich schon sehr erwachsen bin.

Drittes

Lieber Gott mit Christussohn,
Ach schenk mir doch ein Grammophon.
Ich bin ein ungezognes Kind,
Weil meine Eltern Säufer sind.
Verzeih mir, daß ich gähne.
Beschütze mich in aller Not,
Mach meine Eltern noch nicht tot
Und schenk der Oma Zähne.

Christine Nöstlinger

Abendgebet

Schutzengel, liebster, pausbäckiger,
mir geht's von Tag zu Tag dreckiger!
Bist ohne Herz? Oder taub? Oder blind?
Scher dich doch um mich armes Kind!
Tu endlich was, du stinkfaules Stück!
Bring mir schleunigst mein Glück zurück!

Thomas Gsella

Müdes Nachtgebet

Lieber Gott im Himmel du,
dieses, na nu' sag schon … Hungern
warum läßt du Hungern zu
und das Vor-den-Theken-Lungern …

und die Böller da, die Kriege …
und das Handwerkergebohre,
während ich bis elfzwölf liege …
und die dings, die Abseitstore –

was mir einfällt, sag den Dieben
tschuldigung, ich muß mal ahh …
gähnen, warnwer stehngeblieben:
Rußland? Nee … – Amerika …

Nieselregen, kalte Winde
echt, du ahnst nich', wieviel Sorgen
sei ein Gott und unterbinde
kyrie, mach's gut
bis morgen

Robert Gernhardt

Abendgedicht

Der Schatten macht den Hügel halb.
Der Hund steht gegens Licht.
Die Katze durch den Schatten springt.
Die Frau sieht man gar nicht.

Die Frau macht irgendwo ihr Ding.
Die Katz ihrs. Seins der Hund.
Und Licht und Schatten sowieso.
Schön geht der Tag zugrund.

Heinrich Heine

Das Fräulein stand am Meere
Und seufzte lang und bang,
Es rührte sie so sehre
Der Sonnenuntergang.

»Mein Fräulein! sein Sie munter,
Das ist ein altes Stück;
Hier vorne geht sie unter
Und kehrt von hinten zurück.«

Thomas Gsella

Ich, mir, mich

Da geht der Tag, ich wink ihm zu,
zwar endlich um die Ecke.
Doch kehrt er schon am nächsten Tag
zurück, und ich erschrecke:

Den hab ich doch schon mal gesehn!
Der bleibt wohl nie verschwunden!
Der Kerl dreht einfach Nacht für Nacht
die immergleichen Runden

und ist, kaum daß der Morgen graut,
auf immergleichem Posten.
Mir geht er auf den Geist, doch mich
wird er das Leben kosten.

Peter Rühmkorf

Variation auf »Abendlied« von Matthias Claudius

Der Mond ist aufgegangen.
Ich, zwischen Hoff- und Hangen,
rühr an den Himmel nicht.
Was Jagen oder Yoga?
Ich zieh die Tintentoga
des Abends vor mein Angesicht.

Die Sterne rücken dichter,
nachtschaffenes Gelichter,
wie's in die Wette äfft –
So will ich sing- und gleißen
und Narr vor allen heißen,
eh mir der Herr die Zunge refft.

Laßt mir den Mond dort stehen.
Was lüstet es Antäen
und regt das Flügelklein?
Ich habe gute Weile,
der Platz auf meinem Seile
wird immer uneinnehmbar sein.

Da wär ich und da stünd ich,
barnäsig, flammenmündig
auf Säkels Widerrist.
Bis daß ich niederstürze
in Gäas grüne Schürze
wie mir der Arsch gewachsen ist.

Herr, laß mich dein Reich scheuen!
Wer salzt mir dort den Maien?
Wer sämt die Freuden an?
Wer rückt mein Luderbette
an vorgewärmte Stätte,
da ich in Frieden scheitern kann?

Oh Himmel, unberufen,
wenn Mond auf goldenem Hufe
über die Erde springt –
Was Hunde hochgetrieben?
So legt euch denn, ihr Lieben
und schürt, was euch ein Feuer dünkt.

Wollt endlich, sonder Sträuben,
still linkskant liegen bleiben,
wo euch kein Scherz mehr trifft.
Müde des oft Gesehnen,
gönnt euch ein reines Gähnen
und nehmt getrost vom Abendgift.

Georg Kreisler

Bett-Philosophie

Wie sagte schon Kant? Oder war es Voltaire?
Hätte das Leben den mindesten Sinn,
dann wäre das Sterben für uns ein Gewinn,
und unsere Angst vor dem Sterben wär nichts als eine Chimäre,
weil ja das Sterben dann kein Sterben eigentlich wäre,
sondern Permutation, ein Erfolg der Natur, ein Streben nach mehr,
das wußte schon Kant. Oder war es Voltaire?

Und der alte Vergil – oder wars Sigmund Freud? –
sagte: Das Leben, dem Menschen zum Trotz,
ist nichts als das Wort eines anderen Gotts.
Es gibt weder Todesbeweis noch Beweis eines Lebensbeginnes.

Der einzige Sinn des Lebens ist Abwesenheit jedes Sinnes.
Das Leben ist tot, ein konfuses Getümmel, gequirlter Quark.
So sprach schon Horaz. Oder war es Lamarque?

Befasse dich einmal mit Gnosis!
Bald wirst du merken, was los is,
nämlich, daß unsere Welt einfach zu groß is.
Im Gegensatz dazu sieht Newton
fast immer das Schlechte im Guten.
Die rein mechanistische Welt widerlegt jeder Baum.
Das Leben ist Traum,
das sagt schon Rousseau.
Oder wars Diderot?
Und sogar schon Euklid,
nein, ich glaube Descartes, ja Descartes –
sagte zwar: Cogito ergo sum.

Aber er wußte, im Grund ist das dumm
und beweist überhaupt nichts, außer der Tatsache, daß wir nichts wissen.

Sogar schon Pascal –
oder war es Lassalle –
fand das Leben beschissen.
Man ist nur Marionette,
außer im Bette,
da ist man noch wer.
Das sagt auch Pasteur –
oder war es Flaubert –
oder wars Lafayette?
Also gehn wir zu Bett!

Robert Gernhardt

Zu zwei Sätzen von Eichendorff

Dämmrung will die Flügel spreiten,
wird uns alsobald verlassen,
willst du ihren Flug begleiten,
mußt du sie am Bürzel fassen.

Freilich, mancher, der so reiste,
fiel aus großer Höh' hinunter,
weil er einschlief und vereiste.
Hüte dich, bleib wach und munter.

Peter Knorr

Vollmond

Mal wieder voll. Doch still und leise
macht sich der Mond auf seine Reise.
Er ist so breit, so zugeschlaucht,
daß er heut wieder endlos braucht,
bis hinten links am Horizont
er endlich in die Gänge kommt.
So richtig hoch schafft er es nicht.
Zu abgefüllt. Zu voll. Mit Licht.
Doch immerhin, obwohl betankt,
wird nicht gewackelt, nicht gewankt.
Fast würdevoll, trotz vollem Kahn,
zieht er mit Vorsicht seine Bahn.
Sehr niedrig. Bis zum Mandelbaum.
Dort hält er inne. Zögert. Kaum
merklich, aber im Bestreben,
sich ungesehn zu übergeben.

Doch dies ist nicht die Stelle.
Mit diesem Rausch. In dieser Helle.
Der Mandelbaum, der spanische,
spielt plötzlich ins Japanische.
Ganz scherenschnittig ziseliert,
fein transparent dahindrapiert,
spreizt er sein Filigrangeäst –
was leider alles sehen läßt
vom Mond; der das nun auch einsieht
und heiter trunken weiterzieht.
Was soll's. In einer knappen Stunde
wird unser Freund, der pralle, runde,
dort hinterm Berg verschwunden sein.
Da ist er ganz mit sich allein.
Da tut er's dann.
Weil ich ihn nicht mehr sehen kann.
Typisch.

Christian Morgenstern

Die Trichter

Zwei Trichter wandeln durch die Nacht.
Durch ihres Rumpfs verengten Schacht
fließt weißes Mondlicht
still und heiter
auf ihren
Waldweg
u.s.
w.

Christian Morgenstern

Fisches Nachtgesang

—
◡ ◡
— — —
◡ ◡ ◡ ◡
— — —
◡ ◡ ◡ ◡
— — —
◡ ◡ ◡ ◡
— — —
◡ ◡ ◡ ◡
— — —
◡ ◡
—

Fisches Nachtgesang: das tiefste deutsche Gedicht.

Walter Mehring

Eines alten Seebären Schwanengesang

Wenn man fünfzehn ist, ist der Ozean weit
Und bei Muttern ist's eng – und man flieht
Und die Welt stehe offen dem Seemannskleid
Und der Seemann sei frei! Aber Schiet!
In Kingston morgen – in Tokio heut
Es ist immer wieder dasselbe
Kombüsen gescheuert und Fässer vertäut
Und machst du schlapp, wird ein andrer betreut
Mal Schwarze mal Blonde mal Gelbe!

Und kehrst du heim wie Mulatten gefärbt
Von Malaria und Sünden geplagt
Und die Haut von Prügeln und Stürmen gegerbt,
Weißt du, was Muttern sagt:
Baby, wo ist mein Baby?
Groß ist der Ozean – mein Baby klein!
Und wenn's zum Nordpol fährt
Und wieder heimkehrt
Paßt Baby immer noch ins alte Bettchen 'rein!
Baby! Wo ist mein Baby?
Lulle-lu! Lulle-lu! Schlafe ein!
Die Jahre kreisen
Und wir vergreisen
Aber Baby Baby bleibt klein!

Wenn du dreißig bist – dann pfeifst du drauf,
Was die Hölle zusammen dir mixt!
Kneif die Augen zu! Immer 'runter! Und sauf!
Und wenn du in Abgründe blickst!
Eine Windsbraut gestern – eine Negerin jetzt!
Es ist immer wieder dasselbe!
Von den Tropenwanzen zu Eisbär'n gehetzt
Zum Suff die Heuer, das Hemde versetzt
Für Blonde, für Schwarze und Gelbe!
Und kehrst du dann heim du gesottenes Schwein
Wo die rauchige Lampe blakt
Und die Decke beult dir den Schädel ein –
Das erste, was Muttern dann sagt:
Baby! Wo ist mein Baby?
Groß ist der Ozean – mein Baby klein ...

Wenn man sechzig ist, dann verzichtet man!
Dann rauscht keine Palme kein Wind –
Den Topp geentert – an Bord alle Mann!
Und man döst auf dem Mast wie ein Kind!
Im Krankenhaus morgen – im Sumpfland heut!
Es ist immer wieder dasselbe!

Und wenn man keine Schande mehr scheut
Und einen kein Weib und kein Whisky mehr freut
Und die Südsee nicht und die Elbe –
Und wärst du alt wie Methusalem
Von der Fresse der Zeiten benagt
Die Ohren taub und das Hirn schon plemplem
Du hörst noch was Muttern gesagt:
Baby! Wo ist mein Baby?
Groß ist der Ozean – mein Baby klein!
Und wenn's zum Nordpol fährt
Und wieder heimkehrt
Paßt Baby immer noch ins alte Bettchen 'rein!
Baby! Wo ist mein Baby?
(Schlafe, mein Seebär schlaf ein)
Noch unter Greisen
Beim alten Eisen
Bleibst du Baby Baby und klein!

Wolfgang Amadeus Mozart

Bona nox

Bona nox! bist a rechter Ochs,
bona notte, liebe Lotte;
bonne nuit, pfui, pfui,
good night, good night, heut' müß' ma no weit,
gute Nacht, gute Nacht, 's wird höchste Zeit,
gute Nacht, schlaf' fei g'sund und bleib' recht kugelrund!

Thomas Gsella

Faires Angebot

Komm, Liebe, leg dich, schlafe ein,
du wirst schon wieder wach.
Bleib eine Zeitlang flach,
dann wirst du wieder tiefer sein.

Komm, Liebe, leg dich, hetz dich nicht,
du wirst schon wieder mehr.
Bis dahin: schlaf! Nur wer
sich nicht berührt, verletzt sich nicht.

Bleib dunkel, träume was du magst,
schlag Salti, fliege, trau dich raus,
verschweig, was du vermengst.

Wir warten, bis du wieder tagst
und uns – versprochen, altes Haus? –
die alten Nächte schenkst.

Wiegenlied

Eio popeio, was rasselt im Stroh?
Die Gänslein gehn barfuß
und haben keine Schuh;
der Schuster hat's Leder,
kein' Leisten dazu,
kann er den Gänslein
auch machen kein Schuh.

Eio popeio, schlag's Kikelchen tot,
legt mir keine Eier
und frißt mir mein Brot;
rupfen wir ihm dann
die Federchen aus,
machen dem Kindlein
ein Bettlein daraus.

Eio popeio, das ist eine Not,
wer schenkt mir ein Heller
zu Zucker und Brot?
Verkauf ich mein Bettlein
und leg mich aufs Stroh,
sticht mich keine Feder
und beißt mich kein Floh.
Eio popeio.

(aus »Des Knaben Wunderhorn«)

Eia popeia et cetera

Eia im Sause,
zwei Wiegen in einem Hause,
soll der Vater nicht werden bang
und zwei Wiegen in einem Gang?
Eia im Sause.

Eia wiwi,
wer schläft heut nacht bei mir?
Soll's mein liebes Hänschen sein,
wird es auch hübsch freundlich sein,
eia wiwi.

Eia pum pum,
unser kleiner Jung
will noch nicht alleine schlafen,
will sich noch rumpumpeln lassen,
eia pum pum.

Eia polei,
kocht dem Schelm ein'n Brei,
tut brav Zucker und Butter hinein,
so kriegt der Schelm einen geschmeidigen Sinn,
eia polei.

Eia schlaf süße,
ich wieg dich mit den Füßen,
ich wieg dich mit dem schwarzen Schuh,
schlaf, mein Kind, schlaf immerzu.
Eia schlaf süße.

Eia popei,
willst du immer schreien,
flenn Els auf der Geigen,
kannst du nit geschweigen,
eia popeien.

Eia popille,
schweigst du mir nicht stille,
geb ich dir, du Sünderlein,
die Rute vor dein Hinterlein,
eia popille.

(aus »Des Knaben Wunderhorn«)

Friedrich Wilhelm Güll

Wenn das Kind nicht schlafen will

Nun leg' dich und schlaf
Wie der Knecht und die Schaf'.
Ein Knecht ist kein Graf,
Ein Graf ist kein Knecht.
Ein Star ist kein Specht,
Ein Specht ist kein Star.
Ein Flaum ist kein Haar,
Ein Haar ist kein Flaum.
Ein Strauch ist kein Baum,
Ein Baum ist kein Strauch.
Ein Wind ist kein Hauch,
Ein Hauch ist kein Wind.
Ein Roß ist kein Rind,
Ein Rind ist kein Roß.
Ein Stall ist kein Schloß,
Ein Schloß ist kein Stall.
Ein Ei ist kein Ball,
Ein Ball ist kein Ei.
Ein März ist kein Mai,
Ein Mai ist kein März.
Ein Kopf ist kein Herz,
Ein Herz ist kein Kopf.
Ein Schwanz ist kein Zopf,
Ein Zopf ist kein Schwanz.
Ein Strauß ist kein Kranz,
Ein Kranz ist kein Strauß.
Ein Dach ist kein Haus,
Ein Haus ist kein Dach.
Ein Strom ist kein Bach,
Ein Bach ist kein Strom.
Ein Turm ist kein Dom,
Ein Dom ist kein Turm.
Ein Schneck ist kein Wurm,

Ein Wurm ist kein Schneck.
Ein Loch ist kein Eck,
Ein Eck ist kein Loch.
Ein Zaum ist kein Joch,
Ein Joch ist kein Zaum.
Ein Schlaf ist kein Traum,
Ein Traum ist kein Schlaf.
Ein Bock ist kein Schaf,
Ein Schaf ist kein Bock.
Ein Pfahl ist kein Pflock,
Ein Pflock ist kein Pfahl.
Ein Berg ist kein Tal,
Ein Tal ist kein Berg.
Ein Ries' ist kein Zwerg,
Ein Zwerg ist kein Ries'.
Ein Schwert ist kein Spieß,
Ein Spieß ist kein Schwert.
Ein Rind ist kein Pferd,
Ein Pferd ist kein Rind.
Ein Greis ist kein Kind,
Ein Kind ist kein Greis.
Ein Schnee ist kein Eis,
Ein Eis ist kein Schnee.
Ein Strand ist kein See,
Ein See ist kein Strand.
Ein Meer ist kein Land,
Ein Land ist kein Meer.
Ein Schwarm ist kein Heer,
Ein Heer ist kein Schwarm.
Ein Fuß ist kein Arm,
Ein Arm ist kein Fuß.
Ein Teich ist kein Fluß,
Ein Fluß ist kein Teich.
Ein Stamm ist kein Zweig,
Ein Zweig ist kein Stamm.
Ein Has ist kein Lamm,
Ein Lamm ist kein Has.

Ein Laub ist kein Gras,
Ein Gras ist kein Laub.
Ein Sand ist kein Staub,
Ein Staub ist kein Sand.
Ein Sitz ist kein Stand,
Ein Stand ist kein Sitz.
Ein Pfeil ist kein Blitz,
Ein Blitz ist kein Pfeil.
Ein Block ist kein Keil,
Ein Keil ist kein Block.
Ein Hund ist kein Bock,
Ein Bock ist kein Hund.
Ein Lot ist kein Pfund,
Ein Pfund ist kein Lot.
Ein Stein ist kein Brot,
Ein Brot ist kein Stein.
Ein Bier ist kein Wein,
Ein Wein ist kein Bier.
Ein Dachs ist kein Stier,
Ein Stier ist kein Dachs.
Ein Schwab ist kein Sachs,
Ein Sachs ist kein Schwab.
Ein Stock ist kein Stab,
Ein Stab ist kein Stock.
Ein Frack ist kein Rock,
Ein Rock ist kein Frack.
Ein Krug ist kein Sack,
Ein Sack ist kein Krug.
Ein Flachs ist kein Tuch,
Ein Tuch ist kein Flachs.
Ein Hecht ist kein Lachs,
Ein Lachs ist kein Hecht.
Ein Graf ist kein Knecht,
Ein Knecht ist kein Graf.
Nun leg' dich und schlaf'.

Friedrich Wilhelm Güll

Bitt' dich recht schön, gute Wiegen,
Laß mein Büblein ruhig liegen.

Weck's nicht auf vom Schlummer,
Sonst hab' ich 'nen Kummer.

Werf mir's nicht auf die Seit',
Sonst hab' ich ein Leid.

Werf mir's nicht herunter,
Sonst wird's wieder munter,

Werf mir's nicht heraus,
Daß 's kann schlafen aus.

Wiegenlieder für die Puppen

Schlaft, Püppchen, schlaft!
Ihr habt dazu Zeit;
dürft nicht lesen und schreiben,
könnt im Bettchen bleiben
morgen so wie heut.

Daß ihr nun recht ruhig schlaft,
sing ich euch vom kleinen Schaf,
sing ich euch vom Watschelgänschen
mit dem Wickelwackelschwänzchen.

(überliefert)

Friedrich Wilhelm Gotter

Schlafe, mein Prinzchen, schlaf ein!

Schlafe, mein Prinzchen, es ruhn
Schäfchen und Vögelchen nun:
Garten und Wiesen verstummt,
Auch nicht ein Bienchen mehr summt.
Luna mit silbernem Schein
Gucket zum Fenster herein;
Schlafe beim silbernen Schein!
Schlafe, mein Prinzchen, schlaf ein!

Alles im Schlosse schon liegt
Alles in Schlummer gewiegt:
Reget kein Mäuschen sich mehr,
Keller und Küche sind leer,
Nur aus der Zofe Gemach
Tönet ein schmachtendes Ach!
Was für ein Ach mag das sein?
Schlafe, mein Prinzchen, schlaf ein.

Wer ist beglückter als du?
Nichts als Vergnügen und Ruh!
Spielwerk und Zucker vollauf
Und noch Karossen im Lauf,
Alles besorgt und bereit,
Daß nur mein Prinzchen nicht schreit.
Was wird da künftig erst sein?
Schlafe, mein Prinzchen, schlaf ein!

Matthias Claudius

Schlaf, süßer Knabe, süß und mild!
  Du deines Vaters Ebenbild!
Das bist du; zwar dein Vater spricht,
  du habest seine Nase nicht.

Nur eben jetzo war er hier
  und sah dir ins Gesicht
und sprach: viel hat er zwar von mir,
  doch meine Nase nicht.

Mich dünkt es selbst, sie ist zu klein,
  doch muß es seine Nase sein;
denn wenn's nicht seine Nase wär,
  wo hätt'st du denn die Nase her?

Schlaf, Knabe; was dein Vater spricht,
  spricht er wohl nur im Scherz;
hab immer seine Nase nicht
  und habe nur sein Herz!

Joachim Heinrich Campe

Schlaf, Kindlein, schlaf!

Schlaf, Kindlein, schlaf!
Der Vater hüt' die Schaf,
Die Mutter schüttelt's Bäumelein,
Da fällt herab ein Träumelein.
Schlaf, Kindlein, schlaf!

Schlaf, Kindlein, schlaf!
Am Himmel ziehn die Schaf',
Die Sternlein sind die Lämmerlein,
Der Mond, der ist das Schäferlein,
Schlaf, Kindlein, schlaf!

Schlaf, Kindlein, schlaf!
So schenk ich dir ein Schaf
Mit einer goldnen Schelle fein,
Das soll dein Spielgeselle sein,
Schlaf, Kindlein, schlaf!

Schlaf, Kindlein, schlaf!
Geh fort und hüt die Schaf',
Geh fort, du schwarzes Hündelein,
Und weck mir nicht mein Kindelein,
Schlaf, Kindlein, schlaf!

Schlaf, Kindle, schlaf!
Da draußen is' ein Schaf,
da draußen is' ein Lämmle
auf einem grünen Tännle.
Schlaf, Kindle, schlaf!

Schlaf, Kindlein, schlaf!
Deine Mutter ist ein Schaf,
dein Vater ist ein Trampeltier,
was kannst du armes Kind dafür.
Schlaf, Kindchen, schlaf!

(überliefert)

Christian Morgenstern

Schlummerlied

Schlaf, Kindlein, schlaf!
Es war einmal ein Schaf.

Das Schaf, das ward geschoren,
da hat das Schaf gefroren.

Da zog ein guter Mann
ihm seinen Mantel an.

Jetzt brauchts nicht mehr zu frieren,
kann froh herumspazieren!

Schlaf, Kindlein, schlaf!
Es war einmal ein Schaf.

Reiner Kunze

Wohin der Schlaf sich schlafen legt

Wohin der Schlaf sich schlafen legt,
wenn Großvater erwacht?
Am Morgen zwischen die Hörner der Kuh.
Die wiegt ihn ein
beim Wiederkäun,
da fallen ihm die Augen zu.

Die ganze Nacht
hat er Träume gebracht:
vom Rosenbäumelein
ein Rosenträumelein,
vom Furchtbaum
den Furchttraum.

Und nachmittags?
Am Nachmittag, wenn Großvater erwacht,
legt der Schlaf sich schlafen
zu den Hühnern unterm Flieder.
In den Kehlen knarrt es leis,
in den Kuhlen scharrt es leis,
da wird er müd und müder.
Großvaters Mittagsrast
trieb den Schlaf zu Eil und Hast:
vom Aprikosenbäumelein
ein Aprikosenträumelein,
vom Irrbaum
ein Wirrtraum!

Und euer Schlaf? Wohin er sich wohl schlafen legt,
wenn ihr erwacht?

Die ganze Nacht
hat er euch Träume gebracht:
vom Rosen- und vom Aprikosenbäumelein
ein Rosen- und ein Aprikosenträumelein.

Es war so finster und auch so bitterkalt

Märchen & Moritaten

Hänsel und Gretel

Hänsel und Gretel verliefen sich im Wald.
Es war so finster und auch so bitter kalt.
Sie kamen an ein Häuschen von Pfefferkuchen fein.
Wer mag der Herr wohl in diesem Häuschen sein?

Hu, hu, da schaut eine alte Hexe raus!
Sie lockt die Kinder ins Pfefferkuchenhaus:
Sie stellte sich gar freundlich, o Hänsel, welche Not!
Ihn wollt sie braten im Ofen braun wie Brot!

Doch als die Hexe zum Ofen schaut hinein,
ward sie gestoßen von Hans und Gretelein.
Die Hexe mußte braten, die Kinder gehn nach Haus.
Nun ist das Märchen von Hans und Gretel aus.

(überliefert)

Heinz Erhardt

Der alte Wolf

Auch 'n Märchen

Der Wolf, verkalkt und schon fast blind,
traf eine junge Dame:
»Bist du nicht *Rotkäppchen*, mein Kind?«
Da sprach die Dame: »Herr, Sie sind – – –!*
Schneewittchen ist mein Name!«

»Schneewittchen? Ach, dann bist du die
mit diesen 7 *Raben*?«
Sie antwortete: »Lassen Sie
sich lieber gleich begraben!
Mit 7 *Zwergen* hatt ich mal
zu tun – das waren nette …!«
»Ach ja! du durftest nicht zum Ball,
und *Erbsen* waren nicht dein Fall,
besonders nicht im Bette …!«

Da lachte sie hell ha-ha-ha,
dann: »Darf ich Sie was fragen?
Sie fraßen doch die *Großmama*,
wie hab'n Sie die vertragen?«

»Das ist nicht wahr, daß ich sie fraß,
ich krümmte ihr kein Härchen!
Die Brüder *Grimm*, die schrieben das
für kleine Kinderchen zum Spaß –
das sind doch alles Märchen …!«

* – – – wohl blöd?« wollte sie sagen.
Aber so etwas *denkt* eine Dame nur!

August Kopisch

Die Heinzelmännchen zu Köln

Wie war zu Köln es doch vordem
Mit Heinzelmännchen so bequem!
Denn, war man faul, … man legte sich
Hin auf die Bank und pflegte sich:
Da kamen bei Nacht;
Ehe man's gedacht,
Die Männlein und schwärmten
Und klappten und lärmten,
Und rupften
Und zupften,
Und hüpften und trabten
Und putzten und schabten …
Und eh ein Faulpelz noch erwacht, …
War all sein Tagewerk …
bereits gemacht!

Die Zimmerleute streckten sich
Hin auf die Spän' und reckten sich.
Indessen kam die Geisterschar
Und sah was da zu zimmern war.
Nahm Meißel und Beil
Und die Säg' in Eil;
Sie sägten und stachen
Und hieben und brachen,
Berappten
Und kappten,
Visierten wie Falken
Und setzten die Balken …
Eh sich's der Zimmermann versah …
Klapp, stand das ganze Haus …
schon fertig da!

Beim Bäckermeister war nicht Not,
Die Heinzelmännchen backten Brot.
Die faulen Burschen legten sich,
Die Heinzelmännchen regten sich –
Und ächzten daher
Mit den Säcken schwer!
Und kneteten tüchtig
Und wogen es richtig,
Und hoben
Und schoben,
Und fegten und backten
Und klopften und hackten.
Die Burschen schnarchten noch im Chor:
Da rückte schon das Brot, …
das neue, vor!

Beim Fleischer ging es just so zu:
Gesell und Bursch lag in Ruh.
Indessen kamen die Männlein her
Und hackten das Schwein die Kreuz und Quer.
Das ging so geschwind
Wie die Mühl' im Wind!
Die klappten mit Beilen,
Die schnitzten an Speilen,
Die spülten
Die wühlten,
Und mengten und mischten
Und stopften und wischten.
Tat der Gesell die Augen auf …
Wapp! hing die Wurst da schon
im Ausverkauf!

Beim Schenken war es so: es trank
Der Küfer bis er niedersank,
Am hohlen Fasse schlief er ein,
Die Männlein sorgten um den Wein,
Und schwefelten fein
Alle Fässer ein,
Und rollten und hoben
Mit Winden und Kloben,
Und schwenkten
Und senkten,
Und gossen und panschten
Und mengten und manschten.
Und eh der Küfer noch erwacht,
War schon der Wein geschönt
und fein gemacht!

Einst hatt' ein Schneider große Pein:
Der Staatsrock sollte fertig sein;
Warf hin das Zeug und legte sich
Hin auf das Ohr und pflegte sich.
Da schlüpften sie frisch
In den Schneidertisch;
Da schnitten und rückten
Und nähten und stickten,
Und faßten
Und paßten,
Und strichen und guckten
Und zupften und ruckten,
Und eh mein Schneiderlein erwacht:
War Bürgermeisters Rock …
bereits gemacht!

Neugierig war des Schneiders Weib,
Und macht sich diesen Zeitvertreib:
Streut Erbsen hin die andre Nacht,
Die Heinzelmännchen kommen sacht:
Eins fähret nun aus,
Schlägt hin im Haus,
Die gleiten von Stufen
Und plumpen in Kufen,
Die fallen
Mit Schallen,
Die lärmen und schreien,
Und vermaledeien!
Sie springt hinunter auf den Schall
Mit Licht: husch husch husch husch! –
verschwinden all!

O weh! nun sind sie alle fort
Und keines ist mehr hier am Ort!
Man kann nicht mehr wie sonsten ruhn,
Man muß nun alles selber tun!
Ein jeder muß fein
Selbst fleißig sein,
Und kratzen und schaben
Und rennen und traben,
Und schniegeln
Und biegeln,
Und klopfen und hacken
Und kochen und backen.
Ach, daß es noch wie damals wär!
Doch kommt die schöne Zeit
nicht wieder her!

Vom Schlaraffenland

Nun höret zu und schweiget still,
was ich euch Wunders sagen will
von einem guten Lande.
Es bliebe mancher nicht daheim,
könnt er dahin gelangen.

Die Gegend heißt Schlaraffenland,
ist faulen Leuten wohl bekannt.
Liegt hinterm Zuckerberge.
Und willst du in das Land hinein,
friß dich hindurch die Zwerche.

Der Berg ist schier drei Meilen lang;
doch beiß dich durch und tu dir Zwang!
Gelingt dir's ohne Schaden,
so findest du die Häuser all
gedeckt mit Eierfladen.

Tür und Wänd, das ganze Haus,
sind von Lebkuchenteig durchaus,
die Sparren von Schweinebraten.
Kauft einer dort um Pfennigswert,
hier gilt es einen Dukaten.

Um jedes Haus, da ist ein Zaun
geflochten von Bratwürsten braun,
gebraten und gesotten.
Es mag sie essen, wer da will,
sie sind niemand verboten.

Alle Brunnen sind voll süßen Wein,
rinnen einem selbst ins Maul hinein,
und andre süße Weine;
und wer die gerne trinken mag,
der mach sich auf die Beine.

Die Fisch wohl in dem Wasser gehn,
gebacken und gebraten schön,
bei dem Gestad gar nahe,
und gehen auf das Land heraus,
lassen sich gerne fahen.

Auch fliegen um, das mögt ihr glauben,
gebratne Vögel, Gäns und Tauben,
und wer zu faul zum Fangen,
dem fliegen sie von selbst ins Maul,
braucht nicht darnach zu langen.

Die Säue stets dort wohl geraten,
laufen herum und sind gebraten,
tragen Messer und Gabel im Rücken,
daß jeder bald ohn Aufenthalt
sich schneiden mag seine Stücke.

Die Käse wachsen wie die Stein
im ganzen Lande groß und klein,
das mag ein jeder glauben;
die Stein sind all zu essen gut,
schmecken wie Karpfen und Tauben.

Fällt im Sommer ein Wetter ein,
so regnet's lauter Honigseim;
alle, die gerne schlecken,
die laufen in das Land hinein,
da haben sie zu lecken.

Fängt es im Winter zu schneien an,
so schneit es lauter Marzipan,
Rosinen auch und Mandeln,
und wer sie gerne essen mag,
der hat da guten Handel.

Auf Tannen wachsen große Krapfen
wie hier zu Land die Tannenzapfen,
auf Fichten wachsen Schnitten;
auch kann man von den Birken da
gute Speckkuchen schütteln.

Auf Weiden wachsen Semmeln frei,
die Löffel hängen gleich dabei,
darunter Milchbäch fließen.
Die Semmeln fallen in die Milch,
daß sie jeder kann genießen.

Schlecht Gesinde, faule Mägd und Knecht,
sind in dem Land gar eben recht.
Wohlauf, Gretlein und Stöffel,
macht an den Milchbach euch geschwind
mit einem großen Löffel!

Wer tölpisch ist und gar nichts kann,
wird in dem Land ein Edelmann.
Und wer nichts tut als schlafen,
essen, trinken, tanzen und spiel'n,
der wird zu einem Grafen.

Wer der Allerfaulste wird erkannt,
wird König über das ganze Land;
er hat ein groß Einkommen. –
Des Landes Art und Eigenschaft
habt ihr also vernommen.

Wer sich will machen auf die Reis
und selbst den Weg dahin nicht weiß,
der mag einen Blinden fragen;
ein Stummer ist auch gut dazu,
wird ihm nicht unrecht sagen.

(überliefert)

August Heinrich Hoffmann von Fallersleben

Vom Schlaraffenland

Kommt, wir wollen uns begeben
jetzo ins Schlaraffenland.
Seht, da ist ein lustig Leben
und das Trauern unbekannt!
Seht, da läßt sich billig leben
und umsonst recht lustig sein,
Milch und Honig fließt in Bächen,
aus den Felsen quillt der Wein.

Und von Kuchen, Butterwecken
sind die Zweige voll und schwer.
Feigen wachsen in den Hecken,
Ananas im Busch umher.
Keiner darf sich mühn und bücken,
alles stellt von selbst sich ein.
Oh, wie ist es zum Entzücken!
Ei, wer möchte dort nicht sein.

Und die Straßen allerorten,
jeder Steg und jede Bahn,
sind gebaut aus Zuckertorten
und Bonbons und Marzipan.
Und von Brezeln sind die Brücken
aufgeführt gar hübsch und fein.
Oh, wie ist es zum Entzücken!
Ei, wer möchte dort nicht sein.

Ja, das mag ein schönes Leben
und ein herrlich Ländchen sein.
Mancher hat sich hinbegeben,
aber keiner kam hinein.
Ja, und habt ihr keine Flügel,
nie gelangt ihr bis ans Tor,
denn es liegt ein breiter Hügel
ganz von Pflaumenmus davor.

Es waren zwei Königskinder

Es waren zwei Königskinder,
die hatten einander so lieb;
sie konnten zusammen nicht kommen,
das Wasser war viel zu tief.

»Ach Liebster, könntest du schwimmen,
so schwimm doch herüber zu mir!
Drei Kerzen will ich anzünden,
und die sollen leuchten zu dir.«

Das hört ein falsches Nörnchen,
die tät als wenn sie schlief;
sie tät die Kerzlein auslöschen,
der Jüngling ertrank so tief.

Es war an ei'm Sonntagmorgen,
die Leute waren alle so froh;
nicht so die Königstochter,
ihre Augen saßen ihr zu.

»Ach Mutter, herzliebste Mutter,
mein Kopf tut mir so weh!
Ich möcht so gern spazieren
wohl an die grüne See.«

»Ach Tochter, herzliebste Tochter,
allein sollst du nicht gehn,
weck auf dein jüngste Schwester,
und die soll mit dir gehn!«

»Ach Mutter, herzliebste Mutter,
meine Schwester ist noch ein Kind,
sie pflückt ja all die Blümlein,
die auf Grünheide sind.«

»Ach Tochter, herzliebste Tochter,
allein sollst du nicht gehn,
weck auf dein jüngsten Bruder
und der soll mit dir gehn!«

»Ach Mutter, herzliebste Mutter,
mein Bruder ist noch ein Kind,
der schießt ja all die Vöglein,
die auf Grünheide sind.«

Die Mutter ging nach der Kirche,
die Tochter hielt ihren Gang,
sie ging so lang spazieren,
bis sie den Fischer fand.

»Ach Fischer, liebster Fischer,
willst du verdienen groß Lohn,
so wirf dein Netz ins Wasser
und fisch mir den Königssohn!«

Er warf das Netz ins Wasser,
es ging bis auf den Grund;
er fischte und fischte so lange,
bis er den Königssohn fand.

Sie schloß ihn in ihre Arme
und küßt seinen bleichen Mund:
»Ach Mündlein, könntest du sprechen,
so wär mein jung Herz gesund!«

Was nahm sie von ihrem Haupte?
Ein goldne Königskron:
»Sieh da, du wohledler Fischer,
hast dein verdienten Lohn!«

Was zog sie von ihrem Finger?
Ein Ringlein von Gold so rot:
»Sieh da, du wohledler Fischer,
kauf deinen Kindern Brot!«

Sie schwang sich um ihren Mantel
und sprang wohl in die See:
»Gut Nacht, mein Vater und Mutter,
ihr seht mich nimmermeh!«

Da hört man Glöcklein läuten,
da hört man Jammer und Not,
hier liegen zwei Königskinder,
die sind alle beide tot.

(überliefert)

Peter Rühmkorf

Zersungene Lieder III

Es waren zwei Königskinder,
die liebten einander so quer;
das eine dacht, es wird minder,
das andere dacht, es wird mehr.

Das eine spricht, ich zerwandre
nach dir schon mein siebtes Paar Schuh –
traumwandelnd redet das andre,
die Augen schon ziemlich zu.

Wie sich mit Musik und Laternen
im weit abfallenden Licht
die Ausflugsschiffe entfernen,
kommt langsam die Welt außer Sicht.

Die Rosen gerade noch eben,
schon ziemlich viel Rost mit im Rot –
Das eine ziert sich zu leben,
das andere sinnt sich zu Tod.

Johann Wolfgang von Goethe

Erlkönig

Wer reitet so spät durch Nacht und Wind?
Es ist der Vater mit seinem Kind;
Er hat den Knaben wohl in dem Arm,
Er faßt ihn sicher, er hält ihn warm. –

Mein Sohn, was birgst du so bang dein Gesicht? –
Siehst, Vater, du den Erlkönig nicht?
Den Erlenkönig mit Kron und Schweif? –
Mein Sohn, es ist ein Nebelstreif. –

»Du liebes Kind, komm, geh mit mir!
Gar schöne Spiele spiel ich mit dir;
Manch bunte Blumen sind an dem Strand;
Meine Mutter hat manch gülden Gewand.«

Mein Vater, mein Vater, und hörest du nicht,
Was Erlenkönig mir leise verspricht? –
Sei ruhig, bleibe ruhig, mein Kind!
In dürren Blättern säuselt der Wind. –

»Willst, feiner Knabe, du mit mir gehn?
Meine Töchter sollen dich warten schön;
Meine Töchter führen den nächtlichen Reihn
Und wiegen und tanzen und singen dich ein.«

Mein Vater, mein Vater, und siehst du nicht dort
Erlkönigs Töchter am düstern Ort? –
Mein Sohn, mein Sohn, ich seh es genau;
Es scheinen die alten Weiden so grau. –

»Ich liebe dich, mich reizt deine schöne Gestalt;
Und bist du nicht willig, so brauch ich Gewalt.« –
Mein Vater, mein Vater, jetzt faßt er mich an!
Erlkönig hat mir ein Leids getan! –

Dem Vater grauset's, er reitet geschwind,
Er hält in Armen das ächzende Kind,
Erreicht den Hof mit Mühe und Not;
In seinen Armen das Kind war tot.

Vadda und Kind
Reiten im Wind
Kommt 'n Mann
Quatscht se an
Ob der Kleene
Nich mitkomm' kann
Vadda sacht: Nee
Kind: Wehweh
Vadda nach Haus
Kind tot, aus

(überliefert)

Heinz Erhardt

Der König Erl

(Frei nach Johann Wolfgang von Frankfurt)

Wer reitet so spät durch Wind und Nacht?
Es ist der Vater. Es ist gleich acht.
Im Arm den Knaben er wohl hält,
er hält ihn warm, denn der ist erkält'.
Halb drei, halb fünf. Es wird schon hell.
Noch immer reitet der Vater schnell.
Erreicht den Hof mit Müh und Not – – –
der Knabe lebt, das Pferd ist tot!

Johann Gottfried Herder

Erlkönigs Tochter

Herr Oluf reitet spät und weit,
Zu bieten auf seine Hochzeitleut;

Da tanzen die Elfen auf grünem Land,
Erlkönigs Tochter reicht ihm die Hand.

»Willkommen, Herr Oluf! Was eilst von hier?
Tritt her in den Reihen und tanz mit mir.«

»Ich darf nicht tanzen, nicht tanzen ich mag,
Frühmorgen ist mein Hochzeittag.«

»Hör an, Herr Oluf, tritt tanzen mit mir,
Zwei güldne Sporne schenk ich dir.

Ein Hemd von Seide so weiß und fein,
Meine Mutter bleicht's mit Mondenschein.«

»Ich darf nicht tanzen, nicht tanzen ich mag,
Frühmorgen ist mein Hochzeittag.«

»Hör an, Herr Oluf, tritt tanzen mit mir,
Einen Haufen Goldes schenk ich dir.«

»Einen Haufen Goldes nähm ich wohl;
Doch tanzen ich nicht darf noch soll.«

»Und willt, Herr Oluf, nicht tanzen mit mir,
Soll Seuch und Krankheit folgen dir.«

Sie tät einen Schlag ihm auf sein Herz,
Noch nimmer fühlt er solchen Schmerz.

Sie hob ihn bleichend auf sein Pferd:
»Reit heim nun zu dein'm Fräulein wert.«

Und als er kam vor Hauses Tür,
Seine Mutter zitternd stand dafür.

»Hör an, mein Sohn, sag an mir gleich,
Wie ist dein' Farbe blaß und bleich?«

»Und sollt sie nicht sein blaß und bleich,
Ich traf in Erlenkönigs Reich.«

»Hör an, mein Sohn, so lieb und traut,
Was soll ich nun sagen deiner Braut?«

»Sagt ihr, ich sei im Wald zur Stund,
Zu proben da mein Pferd und Hund.«

Frühmorgen und als es Tag kaum war,
Da kam die Braut mit der Hochzeitschar.

Sie schenkten Met, sie schenkten Wein;
»Wo ist Herr Oluf, der Bräutigam mein?«

»Herr Oluf, er ritt in Wald zur Stund,
Er probt allda sein Pferd und Hund.«

Die Braut hob auf den Scharlach rot,
Da lag Herr Oluf, und er war tot.

Clemens Brentano

Lore Lay

Zu Bacharach am Rheine
Wohnt' eine Zauberin,
Sie war so schön und feine
Und riß viel Herzen hin.

Und brachte viel zu Schanden
Der Männer ringsumher;
Aus ihren Liebesbanden
War keine Rettung mehr.

Der Bischof ließ sie laden
Vor geistliche Gewalt –
Und mußte sie begnaden,
So schön war ihr' Gestalt.

Er sprach zu ihr gerühret:
»Du arme Lore Lay!
Wer hat dich denn verführet
Zu böser Zauberei?« –

»Herr Bischof, laßt mich sterben!
Ich bin des Lebens müd,
Weil jeder muß verderben,
Der meine Augen sieht!

Die Augen sind zwei Flammen,
Mein Arm ein Zauberstab –
O legt mich in die Flammen,
O brechet mir den Stab!«

»Ich kann dich nicht verdammen,
Bis du mir erst bekennt,
Warum in deinen Flammen
Mein eignes Herz schon brennt.

Den Stab kann ich nicht brechen,
Du schöne Lore Lay!
Ich müßte denn zerbrechen
Mein eigen Herz entzwei!«

»Herr Bischof, mit mir Armen
Treibt nicht so bösen Spott
Und bittet um Erbarmen
Für mich den lieben Gott!

Ich darf nicht länger leben,
Ich liebe keinen mehr. –
Den Tod sollt Ihr mir geben,
Drum kam ich zu Euch her!

Mein Schatz hat mich betrogen,
Hat sich von mir gewandt,
Ist fort von mir gezogen,
Fort in ein fremdes Land.

Die Augen sanft und wilde,
Die Wangen rot und weiß,
Die Worte still und milde,
Das ist mein Zauberkreis.

Ich selbst muß drin verderben,
Das Herz tut mir so weh;
Vor Schmerzen möcht ich sterben,
Wenn ich mein Bildnis seh.

Drum laßt mein Recht mich finden,
Mich sterben wie ein Christ,
Denn alles muß verschwinden,
Weil er nicht bei mir ist!«

Drei Ritter läßt er holen:
»Bringt sie ins Kloster hin!

Geh, Lore! – Gott befohlen
Sei dein berückter Sinn!

Du sollst ein Nönnchen werden,
Ein Nönnchen schwarz und weiß,
Bereite dich auf Erden
Zu deines Todes Reis'!«

Zum Kloster sie nun ritten,
Die Ritter alle drei,
Und traurig in der Mitten
Die schöne Lore Lay.

»O Ritter, laßt mich gehen
Auf diesen Felsen groß,
Ich will noch einmal sehen
Nach meines Lieben Schloß.

Ich will noch einmal sehen
Wohl in den tiefen Rhein
Und dann ins Kloster gehen
Und Gottes Jungfrau sein.«

Der Felsen ist so jähe,
So steil ist seine Wand,
Doch klimmt sie in die Höhe,
Bis daß sie oben stand.

Es binden die drei Reiter
Die Rosse unten an
Und klettern immer weiter
Zum Felsen auch hinan.

Die Jungfrau sprach: »Da gehet
Ein Schifflein auf dem Rhein;
Der in dem Schifflein stehet,
Der soll mein Liebster sein!

Mein Herz wird mir so munter,
Er muß mein Liebster sein!« –
Da lehnt sie sich hinunter
Und stürzet in den Rhein.

Die Ritter mußten sterben,
Sie konnten nicht hinab;
Sie mußten all verderben
Ohn Priester und ohn Grab.

Wer hat dies Lied gesungen?
Ein Schiffer auf dem Rhein,
Und immer hat's geklungen
Von dem Dreiritterstein:
   Lore Lay!
   Lore Lay!
   Lore Lay!
Als wären es meiner drei.

Heinrich Heine

Ich weiß nicht, was soll es bedeuten,
Daß ich so traurig bin;
Ein Märchen aus alten Zeiten,
Das kommt mir nicht aus dem Sinn.

Die Luft ist kühl und es dunkelt,
Und ruhig fließt der Rhein;
Der Gipfel des Berges funkelt
Im Abendsonnenschein.

Die schönste Jungfrau sitzet
Dort oben wunderbar,
Ihr goldnes Geschmeide blitzet,
Sie kämmt ihr goldenes Haar.

Sie kämmt es mit goldenem Kamme,
Und singt ein Lied dabei;
Das hat eine wundersame,
Gewaltige Melodei.

Den Schiffer im kleinen Schiffe
Ergreift es mit wildem Weh;
Er schaut nicht die Felsenriffe,
Er schaut nur hinauf in die Höh.

Ich glaube, die Wellen verschlingen
Am Ende Schiffer und Kahn;
Und das hat mit ihrem Singen
Die Lore-Ley getan.

Erich Kästner

Der Handstand auf der Loreley

(Nach einer wahren Begebenheit)

Die Loreley, bekannt als Fee und Felsen,
ist jener Fleck am Rhein, nicht weit von Bingen,
wo früher Schiffer mit verdrehten Hälsen,
von blonden Haaren schwärmend, untergingen.

Wir wandeln uns. Die Schiffer inbegriffen.
Der Rhein ist reguliert und eingedämmt.
Die Zeit vergeht. Man stirbt nicht mehr beim Schiffen,
bloß weil ein blondes Weib sich dauernd kämmt.

Nichtsdestotrotz geschieht auch heutzutage
noch manches, was der Steinzeit ähnlich sieht.
So alt ist keine deutsche Heldensage,
daß sie nicht doch noch Helden nach sich zieht.

Erst neulich machte auf der Loreley
hoch überm Rhein ein Turner einen Handstand!
Von allen Dampfern tönte Angstgeschrei,
als er kopfüber oben auf der Wand stand.

Er stand, als ob er auf dem Barren stünde.
Mit hohlem Kreuz. Und lustbetonten Zügen.
Man frage nicht: Was hatte er für Gründe?
Er war ein Held. Das dürfte wohl genügen.

Er stand, verkehrt, im Abendsonnenscheine.
Da trübte Wehmut seinen Turnerblick.
Er dachte an die Loreley von Heine.
Und stürzte ab. Und brach sich das Genick.

Er starb als Held. Man muß ihn nicht beweinen.
Sein Handstand war vom Schicksal überstrahlt.
Ein Augenblick mit zwei gehobnen Beinen
ist nicht zu teuer mit dem Tod bezahlt!

P. S. Eins wäre allerdings noch nachzutragen:
Der Turner hinterließ uns Frau und Kind.
Hinwiederum, man soll sie nicht beklagen.
Weil im Bezirk der Helden und der Sagen
die Überlebenden nicht wichtig sind.

Karl Valentin

Eine Moritat im Großstadtdunkel

’s war mal ein Mann und seine Gattin,
Doch alle beide taugten nichts,
Da wollt’ er seine Frau ermorden:
Das war der Plan des Bösewichts.
’s war finstre Nacht – mit der Pistole
Ins Zimmer er zu seiner Gattin kroch:
Doch traf er s’ nicht – es war zu finster,
Nur durch die Wand schoss er ein tiefes Loch.

Die andern Leute, neben in dem Zimmer,
Die fanden andern Tags ein Stückchen Blei;
Das muss von einem Mordversuch herrühren,
Man holte gleich die hohe Polizei.
Die Polizei tat dann das Loch betrachten
Und auch sodann das kleine Stückchen Blei,
Und hat es auch sofort herausgefunden,
Dass das a abgeschossne Kugel sei.

Die Polizei sah durch das Loch hinüber
Und sie behauptete es ganz gewiss,
Dass diese Kugel unbedingt von drüben
Durch dieses Loch herüber gflogen is’.
Die Polizei ging schleunigst nun hinüber,
Und siehe da, nun war es ganz gewiss,
Dass diese Kugel gänzlich ohne Zweifel
Von hier hinüber gschossen worden is’.

Nun ging man dran, den Mörder aufzusuchen,
Man hat durchsucht beinah das ganze Haus,
Doch schliesslich hat man es dann aufgegeben,
Denn wie es schien – war der gar nicht zu Haus.

Die Polizei nahm einen weißen Zettel
Und schrieb darauf, dass sie jetzt geht,
Der Mörder soll bestimmt zu Hause bleiben,
Weil sie dann morgen wieder kommen tät.

Als andern Tags – genau wie sie versprochen –
Die Polizei kam wieder in das Haus,
Da war die Polizei doch sehr verwundert,
Denn da war wieder niemand z'Haus.
Und auf dem weißen Zettel stand geschrieben –
Das war der Polizei dann doch zu barsch –
Da stand geschrieben – dreimal unterstrichen:
»Die Polizei – – – sie lebe dreimal hoch!«

Die Rabenklippen

Auf den Rabenklippen
Bleichen Knabenrippen,
Und der Mond scheint finster durch's Gewölk.
Rings im Kringel schnattern
Schwarze Ringelnattern,
Und der Uhu naht sich mit Gebölk.

Mit den Tatzen kratzen
Bleiche Katzenfratzen
An dem Leichenstein der Modergruft.
Furchtbar, schrecklich, gräßlich,
Greulich, eklig, häßlich,
Tönt ihr Wehgewinsel durch die Luft.

Durch die Eichenklüfte
Wehen Leichendüfte,
Rings im Umkreis riecht es gar nicht gut.
Traurig geht ein Odem,

Schaurig weht ein Brodem
Überall von Meuchelmord und Blut.

Tief im Meere brodelt's
Und im Chore jodelt's
In die rabenschwarze Nacht hinaus.
Keine Landungsbrücke,
Keine Brandungslücke
Gibt's aus diesem Meer von Schreck und Graus.

Selbst ein dummer Stänker
Wird ein stummer Denker,
Wenn er so viel Grauses hört und schaut
Trinkt noch schnell 'nen Bittern
Sinkt zur Stell' mit Zittern
Mit 'ner Kreidehaut ins Heidekraut.

Drum, ihr tollen Zecher,
Hebt die vollen Becher!
Besser sitzt es sich doch hier beim Wein,
Als auf Rabenklippen,
Wo die Knabenrippen
Bleichen bei des Neumonds finstrem Schein!

(überliefert)

Christian Morgenstern

Gruselett

Der Flügelflagel gaustert
durchs Wiruwaruwolz,
die rote Fingur plaustert,
und grausig gutzt der Golz.

Sandmännchen kommt geschlichen

Vom Müdewerden und Einschlafen

Joseph von Eichendorff

Der Einsiedler

Komm, Trost der Welt, du stille Nacht!
Wie steigst du von den Bergen sacht,
Die Lüfte alle schlafen,
Ein Schiffer nur noch, wandermüd,
Singt übers Meer sein Abendlied
Zu Gottes Lob im Hafen.

Die Jahre wie die Wolken gehn
Und lassen mich hier einsam stehn,
Die Welt hat mich vergessen,
Da tratst du wunderbar zu mir,
Wenn ich beim Waldesrauschen hier
Gedankenvoll gesessen.

O Trost der Welt, du stille Nacht!
Der Tag hat mich so müd gemacht,
Das weite Meer schon dunkelt,
Laß ausruhn mich von Lust und Not,
Bis daß das ew'ge Morgenrot
Den stillen Wald durchfunkelt.

Fritz Jöde

Abendstille überall

Abendstille überall,
nur am Bach die Nachtigall
singt ihre Weise
klagend und leise
durch das Tal.

Theodor Fontane

Am Abend

Sinkt der Tag
in Abendgluten,
schwimmt das Tal
in Nebelfluten.

Heimlich
aus der Himmelsferne
blinken schon
die goldnen Sterne.

Flieg zum Nest
und schwimm zum Hafen!
Gute Nacht!
Die Welt will schlafen!

Friedrich Rückert

Es hat in die Welt hinaus gelacht

Wie Sonne die Augen zugetan,
Der Mond ihr nachblickt mit Harme,
Fängt das Kindlein zu weinen an
Selbst auf der Mutter Arme.

Es hat in die Welt hinaus gelacht,
Solange sie golden gefunkelt;
Den schönen Schimmer hat die Nacht,
Das Augenspielzeug verdunkelt.

Einen Schauer fühlt die Natur,
Die Blätter beben im Winde;
Du, Mensch, bist ihm entwachsen nur,
Doch fühlst du ihn nach im Kinde.

Die Vöglein schließen die Augen zu,
Den Graus der Nacht nicht zu sehen.
Mutter! bringe dein Kind zur Ruh!
Ihm kann nichts bessres geschehen.

Eduard von Bauernfeld

Der Vater mit dem Kinde

Dem Vater liegt das Kind im Arm,
es ruht so wohl, es ruht so warm,
es lächelt süß: »Lieb' Vater mein«,
und mit dem Lächeln schläft es ein.

Der Vater beugt sich, atmet kaum,
und lauscht auf seines Kindes Traum:
Er denkt an die entschwundne Zeit
mit wehmutsvoller Seligkeit.

Und eine Trän' aus Herzensgrund
fällt ihm auf seines Kindes Mund,
schnell küßt er ihm die Träne ab
und wiegt es leise auf und ab.

Um einer ganzen Welt Gewinn,
gäb' er das Herzenskind nicht hin.
Du Seliger schon in der Welt,
der so sein Glück in Armen hält!

Luise Hensel

Nachtgebet

Müde bin ich, geh zur Ruh,
schließe beide Äuglein zu;
Vater, laß die Augen dein
über meinem Bette sein!

Hab ich unrecht heut getan,
sieh es, lieber Gott, nicht an!
Deine Gnad und Jesu Blut
macht ja allen Schaden gut.

Alle, die mir sind verwandt,
Gott, laß ruhn in deiner Hand.
Alle Menschen, groß und klein,
sollen dir befohlen sein.

Kranken Herzen sende Ruh,
nasse Augen schließe zu;
laß den Mond am Himmel stehn
und die stille Welt besehn.

Wilhelm Hey

Abendgebet

Guter Vater im Himmel du,
meine Augen fallen zu;
will mich in mein Bettchen legen:
Gib nun du mir deinen Segen,
lieber Gott, das bitt ich dich:
Bleib bei mir, hab acht auf mich.

Schön glänzt der gold'ne Abendstern.
Gute Nacht, ihr Lieben, nah und fern,
schlaft ein in Gottes Frieden.
Die Blume schließt die Äuglein zu.
Der kleine Vogel geht zur Ruh'.
Bald schlummern alle Müden.

Du aber schläfst und schlummerst nicht.
Bei dir, Gott, ist die Nacht auch Licht.
Dir will ich mich vertrauen.
O hab auf mich, dein Kind, nun Acht.
Lass mich nach einer guten Nacht
die Sonne fröhlich schauen.

Amen.

(überliefert)

Lieber Gott, ich schlafe ein,
lass mich ganz geborgen sein.
Die ich liebe, schütze du.
Decke allen Kummer zu.
Kommt der helle Morgenschein,
lass mich wieder fröhlich sein.
Amen.
(überliefert)

Zur Ruh' will ich mich legen,
Herr, gib mir deinen Segen
und lass mich nicht allein.
Dann schlaf ich ohne Sorgen
vom Abend bis zum Morgen,
so wie im Nest ein Vögelein.
Amen.
(überliefert)

Peter Cornelius

Vöglein fliegt dem Nestchen zu,
Hat sich müd geflogen.
Schifflein sucht im Hafen Ruh
Vor den wankenden Wogen.

Sonne denkt nun auch, sie hätt
Lang genug geschienen:
Legt sich in ihr Himmelbett
Mit den roten Gardinen.

Vöglein sitzt im warmen Nest,
Schifflein liegt im Hafen,
Sonne schläft schon tief und fest,
Auch mein Kind will schlafen.

Robert Reinick

Wiegenlied

Sonne hat sich müd gelaufen,
spricht: »Nun laß ich's sein!«
geht zu Bett und schließt die Augen
und schläft ruhig ein.
  Summ, summ, summ,
  mein Kindchen macht es ebenso,
  mein Kindchen ist nicht dumm!

Bäumchen, das noch eben rauschte,
spricht: »Was soll das sein?
Will die Sonne nicht mehr scheinen,
schlaf ich ruhig ein.«
  Summ, summ, summ,
  mein Kindchen macht es ebenso,
  mein Kindchen ist nicht dumm!

Vogel, der im Baum gesungen,
spricht: »Was soll das sein?
Will das Bäumchen nicht mehr rauschen,
schlaf ich ruhig ein.«
  Summ, summ, summ,
  mein Kindchen macht es ebenso,
  mein Kindchen ist nicht dumm!

Häschen spitzt die langen Ohren,
spricht: »Was soll das sein?
Hör ich keinen Vogel singen,
schlaf ich ruhig ein.«
  Summ, summ, summ,
  mein Kindchen macht es ebenso,
  mein Kindchen ist nicht dumm!

Jäger höret auf zu blasen;
spricht: »Was soll das sein?
Seh ich keinen Hasen laufen,
schlaf ich ruhig ein.«
  Summ, summ, summ,
  mein Kindchen macht es ebenso,
  mein Kindchen ist nicht dumm!

Kommt der Mond und guckt herunter,
spricht: »Was soll das sein?
  Kein Jäger lauscht,
  kein Häschen springt,
  kein Vogel singt,
  kein Bäumchen rauscht,
  kein Sonnenschein!
  Und 's Kind allein
  sollt' wach noch sein? –
  Nein! nein! nein!
  Lieb Kindchen macht die Augen zu,
  lieb Kindchen schläft schon ein.

Schlaf in guter Ruh,
tu die Äuglein zu!
Höre, wie der Regen fällt,
hör, wie Nachbars Hündchen bellt!
Hündchen hat den Mann gebissen,
hat des Bettlers Kleid zerrissen,
Bettler läuft dem Tore zu,
schlaf in guter Ruh.

Schlaf, mein süßes Kind,
draußen weht der Wind,
Häschen, Häschen spitzt das Ohr,
sieht aus langem Gras hervor!
Jäger kommt im grünen Kleide,
jagt das Häschen aus der Weide,
Häschen läuft geschwind, geschwind,
still, mein süßes Kind,

kannst nun ruhig sein,
Bettler kehrt schon ein,
Hündchen schläft auf Stacheldorn,
Häschen liegt nun schon im Korn,
Täubchen füttert seine Jungen,
Vöglein hat nun ausgesungen,
müd ist alles, groß und klein,
schlaf nur ruhig ein.

(überliefert)

Detlev von Liliencron

Vor der Türe schläft der Baum,
Durch den Garten zieht ein Traum.
Langsam schwimmt der Mondeskahn,
Und im Schlafe kräht der Hahn.
Schlaf, mein Wölfchen, schlaf.

Schlaf, mein Wulff. In später Stund
Küß ich deinen roten Mund.
Streck dein kleines dickes Bein,
Steht noch nicht auf Weg und Stein.
Schlaf, mein Wölfchen, schlaf.

Schlaf, mein Wulff. Es kommt die Zeit,
Regen rinnt, es stürmt und schneit.
Lebst in atemloser Hast,
Hättest gerne Schlaf und Rast.
Schlaf, mein Wölfchen, schlaf.

Vor der Türe schläft der Baum,
Durch den Garten zieht ein Traum.
Langsam schwimmt der Mondeskahn,
Und im Schlafe kräht der Hahn.
Schlaf, mein Wölfchen, schlaf.

Werner Bergengruen

Wiegenlied für meinen Sohn

Schlafe schlafe ein.
Haus und Welt sind dein.

Bunte Bilder an den Wänden,
Ringe, noch an meinen Händen,
Schöngeschnittener Stein –
Schlafe schlafe ein.

Schreibtisch voll geheimer Fächer,
Langvererbte Silberbecher,
Kreuz von Elfenbein –
Schlafe schlafe ein.

Königliche Wundertiere,
Phönix, Greifen, Flügelstiere,
Einhorn, silberrein –
Schlafe schlafe ein.

Frühlingsäcker, aufgerissen,
Wiesen, trunken von Narzissen,
Hirtliche Schalmein –
Schlafe schlafe ein.

Mondenhorn und Rautenblüte,
Brunnenglanz und Gartengüte,
Gelber Mittagsschein –
Schlafe schlafe ein.

Schwalben, die zu Neste kehren,
Käfer auf beglänzten Beeren,
Goldgeflügelt, klein –
Schlafe schlafe ein.

Harz aus guter Fichtenrinde,
Bienen um die Honiglinde,
Sommerzauberein –
Schlafe schlafe ein.

Ölbaumsilber, Traubenhänge,
Prallgeschwelltes Fruchtgedränge,
Wilder schwarzer Wein –
Schlafe schlafe ein.

Ungeheure Sternennächte,
Wintermoos und Rentierflechte,
Weißes Weihnachtsschnein –
Schlafe schlafe ein.

Rot und goldne Wolkenränder,
Glockentürme, blaue Länder,
Tiber, Düna, Rhein –
Schlafe schlafe ein.

Inseln, grüne Wellenschluchten,
Braune Segel, Bernsteinbuchten,
Gischt und Möwenschrein –
Schlafe schlafe ein.

Pforten, die Geheimnis wahren,
Wagen, die in Abend fahren,
Letzte Häuserreihn –
Schlafe schlafe ein.

Alles das ist dein.
Schlafe schlafe ein.

Alle Welt ist dir verheißen.
Atmen! Trinken! Andichreißen!
Und Vorübersein –
Schlafe schlafe ein.

Matthias Claudius

Schlafe, schlafe,
holder süßer Knabe,
leise wiegt dich
deiner Mutter Hand.
Sanfte Ruhe,
milde Labe
bringt dir schwebend
dieses Wiegenband.

Schlafe, schlafe
in der Mutter Schoße,
noch umtönt dich
holder Liebeston.
Eine Lilie,
eine Rose,
nach dem Schlafe
wird sie dir zum Lohn.

Friedrich von Spee

Die Blümelein, sie schlafen

Die Blümelein, sie schlafen
schon längst im Mondenschein,
sie nicken mit den Köpfchen
auf ihren Stengelein.
Es rüttelt sich der Blütenbaum,
er säuselt wie im Traum:
Schlafe, schlafe,
schlaf ein, mein Kindelein.

Die Vögelein, sie sangen
so süß im Sonnenschein,
sie sind zur Ruh gegangen
in ihre Nestchen klein.
Das Heimchen in dem Ährengrund,
es tut allein sich kund.
Schlafe, schlafe,
schlaf ein, mein Kindelein.

Sandmännchen kommt geschlichen
und guckt durchs Fensterlein,
ob irgend noch ein Liebchen
nicht mag zu Bette sein.
Und wo er nur noch Kindchen fand,
streut er ins Aug' ihm Sand.
Schlafe, schlafe,
schlaf ein, mein Kindelein.

Sandmännchen, aus dem Zimmer!
Es schläft mein Herzchen fein.
Es ist gar fest verschlossen
schon sein Guckäugelein.

Es leuchtet morgen mir Willkomm,
das Äugelein so fromm.
Schlafe, schlafe,
schlaf ein, mein Kindelein.

Wenns Kind nicht einschläft

Sandmännlein, husch, husch,
Springt aus dem Busch,
Rennt über alle Stiegen,
Tut's Kindlein besiegen.

(überliefert)

Clemens Brentano

Lureley

Singet leise, leise, leise,
singt ein flüsternd Wiegenlied;
von dem Monde lernt die Weise,
der so still am Himmel zieht.

Singt ein Lied so süß gelinde,
wie die Quellen auf den Kieseln,
wie die Bienen um die Linde
summen, murmeln, flüstern, rieseln.

Theodor Körner

Frei noch von des Lebens Schmerzen

Frei noch von des Lebens Schmerzen,
Unter Kinderspiel und Scherzen,
An dem treuen Mutterherzen
Schläfst du ruhig ein.

Und nun liegst du in der Wiege,
Und ich wehre jeder Fliege;
Ach, wie heiter deine Züge
Und wie engelrein!

Magst du aus dem Schlummernachen,
Spät nach fröhlichem Erwachen,
Deiner Welt entgegen lachen!
Liebchen rühr dich nicht!

Mögen nie des Lebens Qualen,
Nur der Freude helle Strahlen
Sich in deinen Augen malen,
Süß wie Morgenlicht!

Noch war deine Welt nicht trübe; –
Daß sie ewig klar dir bliebe! –
Noch ist deiner Mutter Liebe
All dein Paradies.

Noch wird in der Brust Bewegen
Sich kein finstres Traumbild regen;
Schlummre unter Gottes Segen!
Schlummre sanft und süß!

Wiegenlied

Guten Abend, gut Nacht,
mit Rosen bedacht,
mit Näglein besteckt,
schlupf unter die Deck.
Morgen früh, wenn Gott will,
wirst du wieder geweckt,
morgen früh, wenn Gott will,
wirst du wieder geweckt.

(aus »Des Knaben Wunderhorn«)

Annette von Droste-Hülshoff

Stille, er schläft! stille, stille!
Libelle, reg die Schwingen sacht,
Daß nicht das Goldgewebe schrille,
Und, Ufergrün, halt gute Wacht,
Kein Kieselchen laß niederfallen!
Er schläft auf seinem Wolkenflaum,
Und über ihn läßt säuselnd fallen
Das Laubgewölb der alte Baum;

Hoch oben, wo die Sonne glüht,
Wieget der Vogel seine Flügel,
Und wie ein schlüpfend Vöglein zieht
Sein Schatten durch des Teiches Spiegel.
Stille, stille! er hat sich geregt,
Ein fallend Reis hat ihn bewegt,
Das grad zum Nest der Hänfling trug;
Su, su! breit', Ast, dein grünes Tuch –
Su, su! nun schläft er fest genug.

Leise, Peterle, leise!
Der Mond geht auf die Reise,
er hat sein weißes Pferd gezäumt,
das geht so still, als ob es träumt …
leise, Peterle, leise!

Stille, Peterle, stille!
Der Mond hat eine Brille:
ein graues Wölkchen schob sich vor,
das sitzt ihm grad auf Nas' und Ohr …
stille, Peterle, stille!

Träume, Peterle, träume!
Der Mond guckt durch die Bäume;
ich glaube gar, nun bleibt er stehn,
um Peterle im Schlaf zu sehn …
träume, Peterle, träume!

(überliefert)

Christian Morgenstern

Traumliedchen

Träum, Kindlein, träum,
im Garten stehn zwei Bäum.

Der eine, der trägt Sternlein,
der andre Mondenhörnlein.

Da kommt der Wind der Nacht gebraust –
und schüttelt die beiden mit rauher Faust.

Das Mondenhörnleinbäumlein steht,
als wäre gar kein Wind, der weht.

Das Sternenbäumlein aber, ach,
dem fallen zwei Sternlein in den Bach.

Da kommen zwei Fischlein munter –
und schlucken die Sternlein hinunter.

Und hätte es nicht sterngeschnuppt,
so wären sie nicht so schön geschuppt.

Träum, Kindlein, träum,
im Garten stehn zwei Bäum …

der eine, der trägt Sternlein,
der andre Mondenhörnlein …

Träum, Kindlein, träum …

Gelassen stieg die Nacht ans Land

Vom Träumen und Wachen

Joseph von Eichendorff

Gottes Segen

Das Kind ruht aus vom Spielen,
Am Fenster rauscht die Nacht,
Die Engel Gottes im Kühlen
Getreulich halten Wacht.

Am Bettlein still sie stehen,
Der Morgen graut noch kaum,
Sie küssen's, eh sie gehen,
Das Kindlein lacht im Traum.

Wilhelm Raabe

Spiel fort dein Träumlein

Schaukeln und Gaukeln –
Halb wachender Traum!
Schläfst du, mein Kindlein?
Ich weiß es kaum.

Halt zu dein' Äuglein,
Draußen geht der Wind;
Spiel fort dein Träumlein,
Mein herzliebes Kind!

Draußen geht der Wind,
Reißt die Blätter vom Baum,
Reißt die Blätter vom Zweig –
Spiel fort deinen Traum! …

Nikolaus Lenau

Es lächelt süß

Ein schlafendes Kind! o still! in diesen Zügen
Könnt ihr das Paradies zurückbeschwören;
Es lächelt süß, als lauscht' es Engelschören,
Den Mund umsäuselt himmlisches Vergnügen.

O schweige Welt, mit deinen lauten Lügen
Die Wahrheit dieses Traumes nicht zu stören!
Laß mich das Kind im Traume sprechen hören,
Und mich, vergessend, in die Unschuld fügen!

Das Kind, nicht ahnend mein bewegtes Lauschen,
Mit dunklen Lauten hat mein Herz gesegnet,
Mehr als im stillen Wald des Baumes Rauschen;

Ein tiefres Heimweh hat mich überfallen,
Als wenn es auf die stille Heide regnet,
Wenn im Gebirg' die fernen Glocken hallen.

Friedrich Hebbel

Wenn ich im Traum dich lächeln sehe

Wenn ich, o Kindlein, vor dir stehe,
Wenn ich im Traum dich lächeln sehe,
Wenn du erglühst so wunderbar,
Da ahne ich mit süßem Grauen:
Dürft ich in deine Träume schauen,
So wär mir alles, alles klar!
Dir ist die Erde noch verschlossen,
Du hast noch keine Lust genossen,
Noch ist kein Glück was du empfingst:
Wie könntest du so süß denn träumen,
Wenn du dich noch in jenen Räumen,
Woher du kamest, dich ergingst?

Joachim Ringelnatz

Im Park

Ein ganz kleines Reh stand am ganz kleinen Baum
Still und verklärt wie im Traum.
Das war des Nachts elf Uhr zwei.
Und dann kam ich um vier
Morgens wieder vorbei,
Und da träumte noch immer das Tier.
Nun schlich ich mich leise – ich atmete kaum –
Gegen den Wind an den Baum,
Und gab dem Reh einen ganz kleinen Stips.
Und da war es aus Gips.

Christian Morgenstern

Das Gebet

Die Rehlein beten zur Nacht,
hab acht!

Halb neun!

Halb zehn!

Halb elf!

Halb zwölf!

Zwölf!

Die Rehlein beten zur Nacht,
hab acht!
Sie falten die kleinen Zehlein,
die Rehlein.

Ammenuhr

Der Mond, der scheint,
das Kindlein weint,
die Glock schlägt zwölf,
daß Gott doch allen Kranken helf!

Gott alles weiß,
das Mäuslein beißt,
die Glock schlägt ein,
der Traum spielt auf den Kissen dein.

Das Nönnchen läut
zur Mettenzeit,
die Glock schlägt zwei,
sie gehn ins Chor in einer Reih.

Der Wind, der weht,
der Hahn, der kräht,
die Glock schlägt drei,
der Fuhrmann hebt sich von der Streu.

Der Gaul, der scharrt,
die Stalltür knarrt,
die Glock schlägt vier,
der Kutscher siebt den Haber schier.

Die Schwalbe lacht,
die Sonn erwacht,
die Glock schlägt fünf,
der Wandrer macht sich auf die Strümpf.

Das Huhn gagackt,
die Ente quackt,
die Glock schlägt sechs,
steh auf, steh auf, du faule Hex.

Zum Bäcker lauf,
ein Wecklein kauf,
die Glock schlägt sieben,
die Milch tu an das Feuer schieben.

Tut Butter 'nein
und Zucker fein,
die Glock schlägt acht,
geschwind dem Kind die Supp gebracht.

(aus »Des Knaben Wunderhorn«)

Hört, Ihr Herrn

Hört, Ihr Herrn, und laßt euch sagen:
Unsere Glock' hat neun geschlagen!
Wahret das Feuer und das Licht,
Daß dem Haus kein Leid geschicht!
  Menschen wachen kann nichts nützen
  Gott muß wachen, Gott muß schützen.
  Herr, durch deine Güt' und Macht
  schenk uns eine gute Nacht!

Hört, Ihr Herrn, und laßt euch sagen:
Unsere Glock' hat zehn geschlagen!
Zehn Gebote setzt Gott ein,
Gib, daß wir gehorsam sein!
  Menschen wachen …

Hört, Ihr Herrn, und laßt euch sagen:
Unsere Glock' hat elf geschlagen!
Elf der Jünger blieben treu.
Hilf, daß wir im Tod ohn' Reu!
  Menschen wachen …

Hört, Ihr Herrn, und laßt euch sagen:
Unsere Glock' hat zwölf geschlagen!
Zwölf, das ist das Ziel der Zeit,
Mensch, bedenk die Ewigkeit!
  Menschen wachen …

Hört, Ihr Herrn, und laßt euch sagen:
Unsere Glock' hat eins geschlagen!
Eins ist allein der ewige Gott,
Der uns trägt aus aller Not!
  Menschen wachen …

Hört, Ihr Herrn, und laßt euch sagen:
Unsere Glock' hat zwei geschlagen!
Zwei Wege hat der Mensch vor sich;
Herr, den rechten führe mich!
  Menschen wachen …

Hört, Ihr Herrn, und laßt euch sagen:
Unsere Glock' hat drei geschlagen!
Dreifach ist, was heilig heißt:
Vater, Sohn und heiliger Geist!
  Menschen wachen …

Hört, Ihr Herrn, und laßt euch sagen:
Unsere Glock' hat vier geschlagen!
Vierfach ist das Ackerfeld;
Mensch, wie ist dein Herz bestellt!
  Alle Sternlein müssen schwinden
  Und der Tag wird sich einfinden;
  Danket Gott, der uns die Nacht
  Hat so väterlich bedacht.

(überliefert)

Johann Peter Hebel

Wächterruf

Alemannisch

Loset, was i euch will sage!
D'Glocke het Zehni gschlage.
  Jez betet und jez göhnt ins Bett,
  Und wer e rüeihig G'wisse het,
  Schlof sanft und wohl! Im Himmel wacht
  E heiter Aug die ganzi Nacht.

Loset, was i euch will sage!
D'Glocke het Ölfi gschlage.
  Und wer no an der Arbet schwitzt,
  Und wer no bi de Charte sitzt,
  Dem bieti jez zum letztemol, –
  's isch hochi Zit! – und schlofet wohl!

Loset, was i euch will sage!
D'Glocke het Zwölfi gschlage.
  Und wo no in der Mitternacht
  E Gmüet in Schmerz und Chummer wacht,
  Se geb der Gott e rüeihige Stund
  Und mach di wieder froh und gsund!

Loset, was i euch will sage!
D'Glocke het Eis gschlage.
  Und wo mit Satans G'heiß und Not
  E Dieb uf dunkle Pfade goht,
  – I will's nit hoffe; aber gschieht's –
  Gang heim! Der himmlisch Richter sieht's!

Loset, was i euch will sage!
D'Glocke het Zwei gschlage.
  Und wem scho wieder, eb's no tagt,
  Die schweri Sorg am Herze nagt,
  Du arme Tropf, di Schlof isch hi'!
  Gott sorgt! Es wär nit nötig gsi.

Loset, was i euch will sage!
D'Glocke het Drü gschlage.
  Die Morgestund am Himmel schwebt,
  Und wer im Friede der Tag erlebt,
  Dank Gott und faß e frohe Muet
  Und gang ans G'schäft und – halt di guet!

Johann Wolfgang von Goethe

Philine

Singet nicht in Trauertönen
Von der Einsamkeit der Nacht!
Nein, sie ist, o holde Schönen,
Zur Geselligkeit gemacht.

Wie das Weib dem Mann gegeben
Als die schönste Hälfte war,
Ist die Nacht das halbe Leben,
Und die schönre Hälfte zwar.

Könnt ihr euch des Tages freuen,
Der nur Freuden unterbricht?
Er ist gut, sich zu zerstreuen,
Zu was anderm taugt er nicht.

Aber wenn in nächtger Stunde
Süßer Lampe Dämmrung fließt,
Und vom Mund zum nahen Munde
Scherz und Liebe sich ergießt;

Wenn der rasche, lose Knabe,
Der sonst wild und feurig eilt,
Oft bei einer kleinen Gabe
Unter leichten Spielen weilt;

Wenn die Nachtigall Verliebten
Liebevoll ein Liedchen singt,
Das Gefangnen und Betrübten
Nur wie Ach und Wehe klingt:

Mit wie leichtem Herzensregen
Horchet ihr der Glocke nicht,
Die mit zwölf bedächtgen Schlägen
Ruh' und Sicherheit verspricht!

Darum an dem langen Tage
Merke dir es, liebe Brust:
Jeder Tag hat seine Plage,
Und die Nacht hat ihre Lust.

Frank Wedekind

Der Gefangene

Oftmals hab' ich nachts im Bette
Schon gegrübelt hin und her,
Was es denn geschadet hätte,
Wenn mein Ich ein Andrer wär'.

Höhnisch raunten meine Zweifel
Mir die tolle Antwort zu:
Nichts geschadet, dummer Teufel,
Denn der Andre wärest du!

Hilflos wälzt ich mich im Bette
Und entrang mir dies Gedicht,
Rasselnd mit der Sklavenkette,
Die kein Denker je zerbricht.

Matthias Claudius

Die Sternseherin Lise

Ich sehe oft um Mitternacht,
Wenn ich mein Werk getan
Und niemand mehr im Hause wacht,
Die Stern am Himmel an.

Sie gehn da, hin und her zerstreut,
Als Lämmer auf der Flur,
In Rudeln auch, und aufgereiht
Wie Perlen an der Schnur;

Und funkeln alle weit und breit
Und funkeln rein und schön;
Ich seh die große Herrlichkeit
Und kann mich satt nicht sehn …

Dann saget, unterm Himmelszelt,
Mein Herz mir in der Brust:
»Es gibt was Bessers in der Welt
Als all ihr Schmerz und Lust.«

Ich werf mich auf mein Lager hin
Und liege lange wach
Und suche es in meinem Sinn
Und sehne mich danach.

Johann Wolfgang von Goethe

Um Mitternacht

Um Mitternacht ging ich, nicht eben gerne,
Klein, kleiner Knabe, jenen Kirchhof hin
Zu Vaters Haus, des Pfarrers; Stern am Sterne
Sie leuchteten doch alle gar zu schön;
Um Mitternacht.

Wenn ich dann ferner in des Lebens Weite
Zur Liebsten mußte, mußte, weil sie zog.
Gestirn und Nordschein über mir im Streite,
Ich gehend, kommend Seligkeiten sog;
Um Mitternacht.

Bis dann zuletzt des vollen Mondes Helle
So klar und deutlich mir ins Finstere drang,
Auch der Gedanke willig, sinnig, schnelle
Sich ums Vergangne wie ums Künftige schlang;
Um Mitternacht.

Eduard Mörike

Um Mitternacht

Gelassen stieg die Nacht ans Land,
Lehnt träumend an der Berge Wand,
Ihr Auge sieht die goldne Waage nun
Der Zeit in gleichen Schalen stille ruhn;
Und kecker rauschen die Quellen hervor,
Sie singen der Mutter, der Nacht, ins Ohr
Vom Tage,
Vom heute gewesenen Tage.

Das uralt alte Schlummerlied,
Sie achtet's nicht, sie ist es müd;
Ihr klingt des Himmels Bläue süßer noch,
Der flüchtgen Stunden gleichgeschwungnes Joch.
Doch immer behalten die Quellen das Wort,
Es singen die Wasser im Schlafe noch fort
Vom Tage,
Vom heute gewesenen Tage.

Robert Gernhardt

Verlassen stieg

Verlassen stieg die Nacht an Land,
der Tag war ihr davongerannt.
Durchs Dunkel tönte ihr Geschrei,
wo denn der liebe Tag wohl sei.

Indessen saß der Tag bei mir,
bei weißem Brot und hellem Bier
hat er die Suchende verlacht:
Die säh doch nichts, es sei ja Nacht.

Joseph von Eichendorff

Mondnacht

Es war, als hätt der Himmel
Die Erde still geküßt,
Daß sie im Blütenschimmer
Von ihm nun träumen müßt.

Die Luft ging durch die Felder,
Die Ähren wogten sacht,
Es rauschten leis die Wälder,
So sternklar war die Nacht.

Und meine Seele spannte
Weit ihre Flügel aus,
Flog durch die stillen Lande,
Als flöge sie nach Haus.

Johann Wolfgang von Goethe

An den Mond

Füllest wieder Busch und Tal
Still mit Nebelglanz,
Lösest endlich auch einmal
Meine Seele ganz;

Breitest über mein Gefild
Lindernd deinen Blick,
Wie des Freundes Auge mild
Über mein Geschick.

Jeden Nachklang fühlt mein Herz
Froh- und trüber Zeit,
Wandle zwischen Freud und Schmerz
In der Einsamkeit.

Fließe, fließe, lieber Fluß!
Nimmer werd ich froh,
So verrauschte Scherz und Kuß,
Und die Treue so.

Ich besaß es doch einmal,
Was so köstlich ist!
Daß man doch zu seiner Qual
Nimmer es vergißt!

Rausche, Fluß, das Tal entlang,
Ohne Rast und Ruh,
Rausche, flüstre meinem Sang
Melodien zu,

Wenn du in der Winternacht
Wütend überschwillst,
Oder um die Frühlingspracht
Junger Knospen quillst.

Selig, wer sich vor der Welt
Ohne Haß verschließt,
Einen Freund am Busen hält
Und mit dem genießt,

Was, von Menschen nicht gewußt
Oder nicht bedacht,
Durch das Labyrinth der Brust
Wandelt in der Nacht.

Thomas Gsella

Großes Mondlob

O Zaubermondes bleicher Kreis,
nie möcht' ich dich entbehren.
Zwar läßt dein Gehn, soviel ich weiß,
die Sonne wiederkehren,

doch endlich ist auch deren Licht:
Gen Abend fällt es nieder.
Gen Abend kehrst du wieder, nicht?
Dochdoch, dann kehrst du wieder …

Anhang

Autoren- und Quellenverzeichnis

Eduard von Bauernfeld: *Der Vater mit dem Kinde*
Aus: Ella Kühner (Hg.): Es lächelt mein Kind im Spiele. Sanssouci Verlag, Zürich 1980

Werner Bergengruen: *Wiegenlied für meinen Sohn*
Aus: Werner Bergengruen, Meines Vaters Haus. Gesammelte Gedichte. Hg. v. N. Luise Hackelsberger. © 1992, 2005 by Arche Literatur Verlag AG, Zürich - Hamburg

F. W. Bernstein: *Ein Abwasch*
Aus: F. W. Bernstein: Die Gedichte. © Verlag Antje Kunstmann GmbH, München 2003

Bertolt Brecht: *Der liebe Gott sieht alles. (Was ein Kind gesagt bekommt)*
Aus: Bertolt Brecht: Werke. Große kommentierte Berliner und Frankfurter Ausgabe, Band 14, Gedichte 4 © Suhrkamp Verlag, Frankfurt/M. 1993

Clemens Brentano: *Lore Lay, Lureley*
Aus: Clemens Brentano: Gedichte. Reclam Verlag, Stuttgart 1995

Barthold Heinrich Brockes: *Kirschblüte bei der Nacht*
Aus: Theodor Echtermeyer (Hg.): Deutsche Gedichte von den Anfängen bis zur Gegenwart. Cornelsen Verlag, Berlin 1993

Joachim Heinrich Campe: *Schlaf, Kindlein, schlaf!*
Aus: Deutsche Volkslieder. Reclam Verlag, Stuttgart 2001

Matthias Claudius: *Abendlied, Schlafe, schlafe, Schlaf, süßer Knabe, süß und mild!, Täglich zu singen*
Aus: Matthias Claudius: Sämtliche Werke. Gedichte, Prosa, Briefe in Auswahl. Deutsche Buchgemeinschaft, Berlin 1961

Ders.: *Die Sternenseherin Lise*
Aus: Theodor Echtermeyer (Hg.): Deutsche Gedichte von den Anfängen bis zur Gegenwart. Cornelsen Verlag, Berlin 1993

Peter Cornelius: *Vöglein fliegt dem Nestchen zu*
Aus: Wolfgang Strauß (Hg.): Sandmännchens Liederbuch. C. Bertelsmann Verlag, Gütersloh 1965/1969

Ders.: *An hellen Tagen*
Aus: Giovanni Gastoldi: A lieta vita. In: Madrigale von Gastoldi, Friderice und Hassler. Carus Verlag, o.J.

Friedrich Dörr: *Bevor des Tages Licht vergeht*
Aus: Evangelisches Gesangbuch. Ausgabe für die Nordelbische Evangelisch-Lutherische Kirche, Lutherische Verlagsgesellschaft, Wittig 2001

Annette von Droste-Hülshoff: *Stille, er schläft!*
Aus: Werner M. Kuhn (Hg.): Wiegenlieder. Sanssouci Verlag, Zürich 1969

Fritz Eckenga: *Der Wein war ein Gedicht*
Aus: Fritz Eckenga: Draußen hängt die Welt in Fetzen lass uns drinnen Speck ansetzen. © Verlag Antje Kunstmann GmbH, München 2002

Joseph von Eichendorff: *Der Abend, Der Einsiedler, Gottes Segen, Mondnacht, Zwielicht*
Aus: Joseph von Eichendorff: Sämtliche Gedichte. Deutscher Taschenbuchverlag, München 1975

Hans Magnus Enzensberger: *Mund*
Aus: Hans Magnus Enzensberger: Gedichte. 6 Bände in Kassette. © Suhrkamp Verlag, Frankfurt/M. 1999

Heinz Erhardt: *Auch 'n Märchen, Der König Erl*
Aus: Heinz Erhardt: Das große Heinz Erhardt Buch. © Lappan Verlag, Oldenburg 2000

Theodor Fontane: *Am Abend*
Aus: Theodor Fontane: Gedichte in drei Bänden. Aufbau Verlag, Berlin 1995

Paul Gerhardt: *Abendlied*
Aus: Theodor Echtermeyer (Hg.): Deutsche Gedichte von den Anfängen bis zur Gegenwart. Cornelsen Verlag, Berlin 1993

Robert Gernhardt: *Gebet, Kant*
Aus: Robert Gernhardt: Besternte Ernte. Frankfurt/M.: Zweitausendeins, 1976. © Robert Gernhardt. Alle Rechte vorbehalten

Ders.: *Folgen der Trunksucht, Verlassen stieg, Zu zwei Sätzen von Eichendorff*
Aus: Robert Gernhardt: Wörtersee. Frankfurt/M.: Zweitausendeins, 1981. © Robert Gernhardt. Alle Rechte vorbehalten

Ders.: *Gelungener Abend*
Aus: Robert Gernhardt: Weiche Ziele. © Robert Gernhardt 1994. Alle Rechte vorbehalten. S. Fischer Verlag GmbH, Frankfurt/M.

Ders.: *Abendgedicht, Erdgebet*
Aus: Robert Gernhardt: Im Glück und anderswo. Gedichte. © S. Fischer Verlag GmbH, Frankfurt/M. 2002

Johann Wilhelm Ludwig Gleim: *Trinklied*
Aus: Theodor Echtermeyer (Hg.): Deutsche Gedichte von den Anfängen bis zur Gegenwart. Cornelsen Verlag, Berlin 1993

Johann Wolfgang von Goethe: *An den Mond, Erlkönig, Philine, Um Mitternacht*
Aus: Johann Wolfgang von Goethe: Werke. Hamburger Ausgabe, Bd. 1&2: Gedichte und Epen. C. H. Beck Verlag, München 1999

Friedrich Wilhelm Gotter: *Schlafe, mein Prinzchen, es ruhn*
Aus: Deutsche Volkslieder. Reclam Verlag, Stuttgart 2001

Hans Jacob Christoffel von Grimmelshausen: *Komm Trost der Nacht, o Nachtigall*
Aus: Theodor Echtermeyer (Hg.): Deutsche Gedichte von den Anfängen bis zur Gegenwart. Cornelsen Verlag, Berlin 1993

Thomas Gsella: *Faires Angebot, Großes Mondlob, Ich, mir, mich, Müdes Nachtgebet, Zu Bett*
Aus: Thomas Gsella: Generation Reim. Haffmans Verlag bei Zweitausendeins, Frankfurt/M. © 2003 by www.zweitausendeins.de
Friedrich Wilhelm Güll: *Bitt' dich recht schön, gute Wiegen, Wenn das Kind nicht schlafen will*
Aus: Friedrich Wilhelm Güll: Kinderheimat in Liedern und Bildern. Insel Verlag, Frankfurt/M. 1975
Jakob Haringer: *Der Engel*
Aus: Jakob Haringer: In die Dämmerung gesungen. Ausgewählte Gedichte. Aufbau Verlag, Berlin und Weimar 1982. © Jeremio Wallner
Friedrich Hebbel: *Wenn ich im Traum dich lächeln sehe*
Aus: Ella Kühner (Hg.): Es lächelt mein Kind im Spiele. Sanssouci Verlag, Zürich 1980
Johann Peter Hebel: *Wächterruf*
Aus: Theodor Echtermeyer (Hg.): Deutsche Gedichte von den Anfängen bis zur Gegenwart. Cornelsen Verlag, Berlin 1993
Heinrich Heine: *Das Fräulein stand am Meere, Ich weiß nicht, was soll es bedeuten*
Aus: Heinrich Heine: Sämtliche Gedichte in zeitlicher Reihenfolge. Insel Verlag, Frankfurt/M. 1997
Luise Hensel: *Nachtgebet*
Aus: Almut Gaugler (Hg.): Kinderlieder, Kinderreime. Bassermann Verlag, München 2004
Johann Gottfried Herder: *Erlkönigs Tochter*
Aus: Theodor Echtermeyer (Hg.): Deutsche Gedichte von den Anfängen bis zur Gegenwart. Cornelsen Verlag, Berlin 1993
Wilhelm Hey: *Abendgebet*
Aus: Almut Gaugler (Hg.): Kinderlieder, Kinderreime. Bassermann Verlag, München 2004
Ders.: *Weißt, du wieviel Sternlein stehen?*
Aus: Evangelisches Gesangsbuch, Lied 511
August Heinrich Hoffmann von Fallersleben: *Lied vom Monde, Vom Schlaraffenland*
Aus: August Heinrich Hoffmann von Fallersleben: Gedichte und Lieder. Hoffmann und Campe, Hamburg 1974
Fritz Jöde: *Abendstille überall*
Aus: Fritz Jöde: Der Kanon. © Möseler Verlag, Wolfenbüttel o.J.
Mascha Kaléko: *Fast ein Gebet*
Aus: Verse für Zeitgenossen. Rowohlt Verlag, Reinbek © Gisela Zoch-Westphal
Dies.: *An meinen Schutzengel*
Aus: Mascha Kaléko: In meinen Träumen läutet es Sturm. © 1977 Deutscher Taschenbuch Verlag, München

Erich Kästner: *Der Handstand auf der Loreley*
Aus: Erich Kästner: Gesang zwischen den Stühlen. © Atrium Verlag Zürich und Thomas Kästner

Ders.: *Kopernikanische Charaktere gesucht*
Aus: Erich Kästner: Kurz und bündig. © Atrium Verlag Zürich und Thomas Kästner

Gottfried Keller: *Stille der Nacht*
Aus: Gottfried Keller: Gedichte, Bd. 1. Deutscher Klassiker Verlag, Frankfurt/M. 1995

Klabund: *Das Notabene*
Aus: Klabund: Werke. Bd. 4: Gedichte. Elfenbein Verlag, Berlin 2000

Theodor Körner: *Frei noch von des Lebens Schmerzen*
Aus: Ella Kühner (Hg.): Es lächelt mein Kind im Spiele. Sanssouci Verlag, Zürich 1980

August Kopisch: *Die Heinzelmännchen zu Köln*
Aus: August Kopisch: Die Heinzelmännchen zu Köln. Insel Verlag, Frankfurt/M. 2004

Peter Knorr: *Vollmond*
Aus: Hell und schnell. – 555 komische Gedichte aus 5 Jahrhunderten. Hg. von Robert Gernhardt und Klaus Cäsar Zehrer. S. Fischer Verlag, Frankfurt/M. 2004. © Peter Knorr

Georg Kreisler: *Bett-Philosophie*
Aus: Georg Kreisler: I hab ka Lust. Kabarettchansons. Henschel Verlag, Berlin 1980. © Georg Kreisler

Reiner Kunze: *Wohin der Schlaf sich schlafen legt*
Aus: Reiner Kunze: Wohin der Schlaf sich schlafen legt. © S. Fischer Verlag GmbH, Frankfurt/M. 1991

Nikolaus Lenau: *Es lächelt süß*
Aus: Ella Kühner (Hg.): Es lächelt mein Kind im Spiele. Sanssouci Verlag, Zürich 1980

Gotthold Ephraim Lessing: *An den Wein*
Aus: Gotthold Ephraim Lessing: Werke in drei Bänden. Bd. 1: Dichtungen. Artemis & Winkler, München/Zürich 1995

Detlev von Liliencron: *Vor der Türe schläft der Baum*
Aus: Werner M. Kuhn (Hg.): Wiegenlieder. Sanssouci Verlag, Zürich 1969

Walter Mehring: *Eines alten Seebären Schwanengesang*
Aus: Walter Mehring: Chronik der Lustbarkeiten. Die Gedichte, Lieder und Chansons. © Claassen Verlag in der Ullstein Buchverlage GmbH, Berlin

Czesław Miłosz: *Von Engeln*
Aus: Czesław Miłosz: Gedichte 1933–1981. © Suhrkamp Verlag, Frankfurt/M. 1982

Eduard Mörike: *Alles mit Maß, Der Tambour, Gebet, Um Mitternacht*
Aus: Eduard Mörike: Sämtliche Werke. 2 Bände. Winkler Verlag, München 1967/1970

Christian Morgenstern: *Das Gebet, Der fromme Hecht, Die Trichter, Fisches Nachtgesang, Gruselett, Schlummerlied, Traumliedchen*
Aus: Christian Morgenstern: Gesammelte Werke in einem Band. Piper Verlag, München 1989

Wolfgang Amadeus Mozart: *Bona nox*
Aus: Wolfgang Amadeus Mozart: KV. 561

Christine Nöstlinger: *Abendgebet*
Aus: Christine Nöstlinger/Jutta Bauer. Ein und alles. © Beltz & Gelberg in der Verlagsgruppe Beltz, Weinheim & Basel 1992

Andreas Okopenko: *Kinderreim*
Aus: Andreas Okopenko: Immer wenn ich heftig regne. Lockergedichte. © Deuticke im Paul Zsolnay Verlag, Wien 1992

Wilhelm Raabe: *Spiel fort dein Träumlein*
Aus: Ella Kühner (Hg.): Es lächelt mein Kind im Spiele. Sanssouci Verlag, Zürich 1980

Robert Reinick: *Wiegenlied*
Aus: Almut Gaugler (Hg.): Kinderlieder, Kinderreime. Bassermann Verlag, München 2004

Rainer Maria Rilke: *Abend*
Aus: Rainer Maria Rilke: Werke, Band 1: Gedichte. Insel Verlag, Frankfurt/M. 1996

Joachim Ringelnatz: *Im Park, Kindergebetchen, Spaghetti*
Aus: Joachim Ringelnatz: Das Gesamtwerk in sieben Bänden. Diogenes Verlag, Zürich 1994

Harry Rowohlt: *Gebet des Nashorns*
Aus: Harry Rowohlt: Pooh's Corner. Meinungen und Deinungen eines Bären mit geringem Verstand. Haffmans Verlag, Zürich 1993. © Harry Rowohlt

Friedrich Rückert: *Eine Neige Wein*
Aus: Eva Gesine Baur (Hg.): Essen und Trinken mit Poesie. Deutscher Taschenbuch Verlag, München 2000

Ders.: *Es hat in die Welt hinaus gelacht*
Aus: Ella Kühner (Hg.): Es lächelt mein Kind im Spiele. Sanssouci Verlag, Zürich 1980

Peter Rühmkorf: *Im Vollbesitz seiner Zweifel, Variation auf »Abendlied« von Matthias Claudius, Zersungene Lieder III*
Aus: Peter Rühmkorf: Gedichte - Werke 1. © 2000 by Rowohlt Verlag GmbH, Reinbek bei Hamburg

Thomas Schleiff: *Zum Glück genug zu essen*
Aus: Thomas Schleiff: Kinderschatz - Kindergebete für alle Tage. © gondolino in der Gondrom Verlag GmbH, Bindlach 2000

Friedrich von Spee: *Die Blümelein, sie schlafen*
Aus: Deutsche Volkslieder. Reclam Verlag, Stuttgart 2001
Ludwig Uhland: *Einkehr*
Aus: Ludwig Uhland: Gedichte. Reclam Verlag, Stuttgart 1974
Karl Valentin: *Eine Moritat im Großstadtdunkel*
Aus: Karl Valentin: Sämtliche Werke, Bd. 2. Couplets. © Piper Verlag GmbH, München 1994
Frank Wedekind: *Der Gefangene*
Aus: Frank Wedekind: Gesammelte Werke. Erster Band. Georg Müller Verlag, München 1920
Gabriele Wohmann: *Wie es früher war*
Aus: Gabriele Wohmann: Erzählen Sie mir was vom Jenseits. © Matthias-Grünewald-Verlag, Mainz 1994
Philipp von Zesen: *Abendlied*
Aus: Theodor Echtermeyer (Hg.): Deutsche Gedichte von den Anfängen bis zur Gegenwart. Cornelsen Verlag, Berlin 1993

Trotz gründlicher Recherche konnten in einigen Fällen die Rechteinhaber der abgedruckten Texte nicht ermittelt werden. Etwaige Anspruchsberechtigte mögen sich bitte unter Nachweis des Anspruchs an den Verlag wenden.

Inhalt